繁盛サロンにするための
あなただけのオンリーワンメニューのつくり方

穂口 大悟

同文舘出版

はじめに

集客がうまくいかない。

他のサロンとの違いが出せない。

こんな悩みを抱えているサロンオーナーからのご相談が年々増えています。夢や志をもってサロンをオープンしたのに、集客がうまくいかずに苦しんでいるのです。

そんなあなたは、もしかして、他のサロンと同じようなメニューを提供していませんか？ライバルサロンと同じようなメニューを提供していれば、お客様に違いが伝わらないために競争になり、集客は難しくなります。

では、どうしたらいいのでしょう。

他のサロンにはない、あなたのサロンだけのオンリーワンのメニューをつくればいいのです。


一人ひとりの人間が違うように、一つひとつのサロンも違います。だから、他のサロンと同じメニューを売らなくてもいいのです。あなただけのメニューを売っていいのです。

あなたがもつ「強み」や「ステキ」を、そのままお客様に喜ばれる「価値」という形に実体化させた、オンリーワンメニューをつくってみませんか。

オンリーワンメニューづくりには、一切お金がかかりません。

サロンオーナーであるあなたが、

・自分のサロンの使命を決める

・自分の中にある、これまでの全人生の経験に向き合う

という2つの覚悟さえすれば、オンリーワンメニューをつくることができます。

本書では、集客に悩むサロンオーナーの代表として、「ナナさん」という架空のオーナーセラピストさんに登場していただき、彼女のオンリーワンメニューづくりのストーリーを通じて、あなた自身がオンリーワンメニューづくりを疑似体験できるように工夫しました。

ぜひ、ナナさんと一緒に自分のサロンだけのオンリーワンメニューづくりをスタートしてみてください。そして、あなたが望む、あなただけの幸せな成功を手に入れてください。

では、始めましょう！

穂口　大悟

繁盛サロンにするための
あなただけのオンリーワンメニューのつくり方●もくじ

1章 お客様も自分も幸せにするオンリーワンメニュー

2章 繁盛サロンのオンリーワンメニューを見てみよう

3章 オンリーワンメニュー・アイデアの企画づくり7ステップ

4章 オンリーワンメニューを実体化する「体」「金」「名」の3ステップ

5章 オンリーワンメニューを売り込まずに売る、非競争マーケティング

装丁・DTP 春日井 恵実

プロローグ　「そのまま売り」は競争地獄へまっしぐら

「実は……どうしたらいいのか、ちょっとわからなくなってしまいまして……」

ナナさんは、困ったような表情を浮かべながら、こう切り出した。

主婦だったナナさんは、アロマセラピストの資格を6年前に取得、都市部の中堅サロンで3年間修業した後に、地方都市の住宅地にある自宅を改装して、「アロマナナ」という小さなアロマサロンを開業して約3年がたつ。

ナナさんは、開業直後に僕の「サロンマーケティングセミナー」を受講したことが縁で、サロン経営に行き詰まった今、相談に来たのだ。


「オープン当初は、何とかやってこれたんです。でも最近、予約が減ってきてしまって。値下げしたり、流行りのアンチエイジングメニューを追加したり、SNSをがんばったり、化粧品の販売を始めたりしているんですけど、あまり効果がないんです」

「現在、サロンで提供しているメニュー表を見せていただいていいですか？」

ひととおり話を聞いたあと、僕がお願いすると、ナナさんは2つ折りのアルバムに綴じら

aroma Nana menu

〜貴女に最高のリラックスと贅沢な時間をお約束します〜

フェイシャル

アロマフェイシャルトリートメント	45分	4,500円
アロマフェイシャルトリートメント	60分	6,000円

ボディ

アロマボディトリートメント	90分	9,000円
アロマボディトリートメント	120分	12,000円
経絡整体コース	60分	6,000円

オプション

ヘッドマッサージ	3,000円
ハンドマッサージ	2,000円
アロマ美容液パック	2,000円

Nana's Specialアンチエイジングコース

Princessコース	12,000円
Excellentコース	20,000円

国内外の最高品質の精油を使ったアロマトリートメントを、
貴女のお悩み・ご要望にあわせて、
セラピストがオーダーメイドで施術します。
お気軽にご相談ください。

れたサロンメニュー表を僕の目の前で広げた。

「このPrincessコース・Excellentコースというのは？」

「はい、先日コンサルタントの方に相談したら、こんな高額のアンチエイジングコースをつくるといい、とアドバイスされて……」

なぜか恥ずかしそうにナナさんが答える。

「それで、お客様の反応はありましたか？」

「それが、常連のお客様お二人にお願いしてお試しいただいただけで、その後は無反応で……。ウチって他のアロマサロンとちょっと違うんです。

他のサロンはアロマでリラックスという感じのサロンが多いのですが、ウチは丁寧にお一人おひとりに向き合った施術を行なうことがコンセプトなんです。だから、他のサロンでうまくいっている方法を試してもうまくいかないのかな……」

「そうですね。現在の経営不振の根本的な原因はこのメニューにあると思います」

「……やっぱり。ウチが特殊だから、ですよね？」

僕を見るナナさんの顔には、自分の悩みに共感してくれたことへの安心感が現われていた。

「いいえ。ナナさんのサロンで売っているものが、他のサロンと〝同じもの〟であることが原因だと思います」

ナナさんは顔をこわばらせ、驚いたように声をあげる。

「えっ？　ウチのサロンは他のアロマサロンとはぜんぜん違います！　精油も厳選した安全なものを使用していますし、施術もオーダーメイドだし……」

「でも、そのことがこのメニュー表からお客様に伝わるでしょうか？」

ナナさんは黙って開かれたメニュー表に目を落としている。きっと、反論したくてもできない、そんな気持ちなのだろう。

「このメニューでは、お客様には他のサロンとアロマナナとの区別ができないのです。他のサロンと違うのに、他のサロンと同じようなメニューを売る〝そのまま売り〟では、自ら競争地獄に足を踏み出しているようなものです。

ナナさんがおっしゃるように、ご自身のサロンが特殊であれば、ナナさんだけのオンリーワンメニューをつくらないと、お客様には伝わらないのです」

ナナさんは僕の言葉を理解しようとしばらく沈黙したあと、絞り出すように言った。

「私だけの、オンリーワンメニュー……ですか……」

＊＊＊

なぜ、価格競争・宣伝競争が起こる？

売上不振・集客不振で苦しんでいるサロンが年々増えています。その原因のひとつに、急激なサロン数の増加が考えられます。10年前であれば、あるジャンルのサロンが市町村にひとつあることも珍しいほうでした。しかし現在では、同ジャンルのサロンが狭い地域にひしめき合っている状況です。

また、サロンの業種が多様化するなかで、ジャンルを越えてライバル関係が発生しています。たとえば、「身体の疲れをとりたい」というニーズを満たすために、「リラクゼーションサロン」「整体院」「ヨガ教室」「バリニーズ」などのサロンや教室がライバルとなり、比較される状態です。

このような状況下では、価格を下げる「価格競争」や突飛な広告を競う「宣伝競争」などの激しい競争が繰り広げられます。この競争に勝ち抜かないと集客ができず、売上が上がらないのです。

このような価格競争や宣伝競争が起こる根本的な原因は、サロンが提供するサービスを、**一般名称のままメニュー名として売る「そのまま売り」**です。

「そのまま売り」とは、たとえば、アロマサロンであれば、「フェイシャルアロマトリートメント」「ボディアロマトリートメント」など、サロンが提供できる技術名をそのままメニュー名として売ることです。この「そのまま売り」では、同業種のライバルサロンとほとんど同じメニュー構成になってしまいます。

メニュー名に違いがなければ、お客様は何を基準にサロンを選ぶでしょうか。必然的に目がいくのは、「価格の安さ」や「宣伝の派手さ」などでしょう。似たようなメニュー名で売られているのですから、お客様は「価格」や「宣伝」などでサロンを選ばざるを得ないのです。その結果が「価格競争」や「宣伝競争」の激化として現われているのです。

長く愛されるサロンになるための第一歩

小さなサロンがこの競争地獄から脱出するための解決策はただひとつ。

お客様が、あなたのサロンとライバルサロンの違いがひと目でわかる「オンリーワンメニュー」をつくり、そのオンリーワンメニューを販売することです。

つまり、**「ウチのサロンは売っているものが他のサロンとは違うんですよ」**という、わかりやすいメッセージを発信するのです。

売っているもの自体が違うのですから、お客様はあなたのサロンと他のサロンを価格では比較できなくなります。

また、他のサロンにはないメニューを販売するのですから、広告も奇抜さや頻度ではなく、自分のサロンのメニューがどのように素晴らしいかという「内容」を重視した宣伝を行なえばよくなり、宣伝競争からも逃れられます。

そして、オンリーワンメニューを販売することで、自動的にあなたのサロンを必要とするお客様からしか選ばれないサロンになっていきます。

つまり、オンリーワンメニューをつくり、販売することは、本当に幸せにしたいお客様だけに愛される、ストレスの少ない、長く愛されるサロンになるための第一歩なのです。

1章

お客様も自分も幸せにする
オンリーワンメニュー

1-1 大丈夫。あなたには他の人との「違い」が絶対にある

「他のお店にはないメニューをつくるなんて、私にできるのかな……すごい特別な〝違い〟みたいなものって、ウチのサロンにはない気がします」

僕がオンリーワンメニューについて説明する間、黙って聞いていたナナさんが口を開いた。オンリーワンメニューをつくることが、よほど大変なことに思えたのか、ナナさんは自信をなくしたようだ。

「ウチのサロンは特殊だと言いましたけど、それはよくあるアロマサロンと比べての話で、私のアロマに対するアプローチって、オーソドックスで王道なんです。

経歴も特別に派手なものじゃなくて、波瀾万丈の人生を歩んできたわけでもないし……」

「いいえ、大丈夫ですよ！　ナナさんは特別な人ですよ」

「ありがとうございます。でも、私が自分自身でわかっているんです。私は普通だって。特別なところなんてひとつもないんです」

ナナさんは、ますます声を落として答える。

「普通の人なんて、どこにもいないのです。ナナさんには、OLの経験がありますよね？」

「ええ。でも、そんな人はたくさんいるでしょう？」

「そして、ご結婚されて、お子さまを出産されたママでもある」

「はい……」

「お二人目がなかなかできなくて、不妊治療を経験され、いろいろな民間療法を試した末にアロマに行き着いたんですよね？」

「そうですね、そこは他の人はあまり経験しないことでしょうけど。でも、アロマを学ぶ人は、何かしら自分の悩みなどが出発点になっているのが普通ですから……」

「OL経験があって、ママで、不妊治療の経験があって、アロマセラピストで、整体も習得して、心理学も勉強している。そしてサロンを開業している……そんな人だとどうでしょう？　他にこの市にいるでしょうか」

「たしかに、私だけかも……」

ナナさんの声に少しだけ自信が蘇ってきた。

「繰り返しますが、『普通の人』なんてどこにもいないのです。人は一人ひとり絶対に違いがあります。言い換えれば、すべての人は特別なんですよ。

『違い』というのは『他の人にないもの』じゃないですか。だから、他の人に必要とされるものになる可能性がある、ということです。

ナナさんが今もっている、自分のなかにある違いを磨いてオンリーワンメニューをつくればいいんですよ」

＊＊＊

オンリーワンメニューづくりを妨げる2つの思い込み

自分にはライバルのサロンと差別化できるような「違い」がない、と言うサロンオーナーが意外に多いことに驚きます。しかし、オーナーは人間ですから、他者との「違い」は必ずあります。

まったく同じ時間を、まったく同じ場所で、まったく同じように過ごしてきた二人の人がいたとしても、それぞれには違いがあるでしょう。すべての人には必ず、他者との「違い」があるのです。そして、その違いこそ他者にないものなので、他者から必要とされる「価値」となる可能性があるのです。

オンリーワンメニューは、その**「自分の違い」を磨いて「価値」として形にしたもの**。ですからどんなサロンオーナーでも、オンリーワンメニューをつくることができるのです。

ただ、サロンオーナーには、オンリーワンメニューづくりを妨げる思い込みがあることが多いようです。それらの思い込みを捨てることが、オンリーワンメニューづくりを始める第一歩になります。

◎「自分なんてダメ」という思い込み

謙虚が美徳として教育されてきた日本人の特徴でしょうか、サロンオーナーにも自己肯定感の低い人が多いようです。そのため、「ダメな自分がオンリーワンのメニューなんてつくれっこない」と考えてしまうことが多いようです。

人は、誰でも違いをもった特別な存在です。「自分なんてダメ」などというのは、自分自身がつくった思い込みに過ぎません。

まず特別な存在である自分を、自分自身で認めてあげることが、お客様に特別な価値を提供することが仕事である、サロン経営を続けるうえでも大切なことです。

◎メニュー開発は難しい、という思い込み

メニューをつくる、開発するというと、何かものすごく大変なことに感じてしまうサロンオーナーがいるようです。

たしかに工業製品のような、形のある商品を開発することはとても大変です。ですが、サロンのようなサービス業の場合、必要なのは「どんなメニューをつくるのか」というアイデアだけです。

提供する技術やサービスは、セラピストであるサロンオーナーの身についているものですから、アイデアさえ明確にできれば、オンリーワンのメニューは非常に簡単に形にできるのです。

これは、「サービス」という形のないものを売る、サロンという商売の大きな利点でしょう。逆に言えば、サロンという簡単にオンリーワンのメニューをつくることができるサービス業を行なっていながら、既成概念にとらわれた「そのまま売り」メニューの販売を行なっているのは、非常にもったいないことです。

自分で始めたサロンです。メニューも自分の思いどおりに自由につくって、売っていいのです。社会の常識や既成概念にとらわれる必要はありません。

周りを見回しても、思いっきり自由にやっている人のほうが、サロンを成功させていると思いませんか？

そもそも、何らかの技術に興味をもち、お金と時間をかけて学び、そのうえ、その技術を他者に提供するためにサロンまでオープンさせてしまったあなたは、相当な変わり者です。明らかに普通の人とは違います。

だからあなたは、絶対にオンリーワンのメニューをつくることができます。

summary

サロンオーナーは誰でもオンリーワン。
だから、絶対にオンリーワンメニューをつくることができる。

1-2 お客様に愛されるメニューは「お子様ランチ」

自分にある他者との「違い」。それこそがオンリーワンメニューの素になる、という説明を聞いて、ナナさんは少し元気になったようだが、まだ釈然としない部分があるようだ。

「私が特別、ということはわかりました。でも、その特別が『売れる』とは限りませんよね」

「たしかにそうです。すべての人は特別です。ですがその特別が、そのままで『売れる』とは限りません」

「やっぱり、お客様のニーズが大切ですよね。うん。私がどんなに特別なのか、なんてお客様には無関係ですものね。

お客様はニーズを満たすためにサロンにお越しになるのですから、私のことなんてどうでもいいんですよ」

ナナさんはぶっきらぼうに言うと、自分のちょっと乱暴な言い方に気づいたのか、少し恥ずかしそうな顔をした。

「それは正解でもあり、不正解でもあります」

僕は少しもったいぶった言い方をして、説明を続ける。

「たしかにお客様は、ご自身のニーズを満たすためにサロンにお越しになります。しかし、サロンを選ぶ基準はニーズを満たせるかどうか、だけではないのです。

ただニーズを満たすだけなら、どのサロンでもいいじゃないですか」

ナナさんは僕の言葉に耳を傾け、神経を集中させている。

「つまり、お客様から選ばれるためには、他のサロンとの違いも必要なのです」

僕はノートに図（次ページ）を書きながら説明する。

「お客様のニーズを満たすことは売れるための必要条件です。しかし、お客様のニーズを満たすサロンが他にあれば、お客様はそこに行くかもしれません。

だから、お客様に選ばれるための条件も必要になるのです。それが先ほどから言っている『違い』です。

お客様のニーズを満たすために、自分がもっている違いを集結させたメニュー、それがオンリーワンメニューです」

ナナさんはしばらく考え込んだあと、言葉を選びながら言った。

お客様に選ばれるための条件

他のサロンとの違い	お客様のニーズ：ある	お客様のニーズ：ない
ある	**選ばれる**	無反応
ない	競争になる	無反応

「何となく、おっしゃる意味がわかりました。でも、具体的にイメージできないんですよね、オンリーワンメニューというものが……」

「そうですか……まあ簡単に言うと、オンリーワンメニューというのは『お子様ランチ』のようなものです」

「お子様ランチ?」

ナナさんは不意を突かれたように、拍子抜けした声をあげた。

「あの、レストランのお子様ランチ、ですか?」

「そうです。あのお子様ランチですよ。

あれこそ、オンリーワンメニューのお手本だと僕は思っているのです。何と言ってもお店の愛があふれているでしょう?」

笑みを浮かべながら話す僕を、ナナさんの目が不思議そうに見ていた。

＊＊＊

オンリーワンメニューの考え方

サロンは商売です。ボランティア活動ではありません。商売ですから買い手がいないことには成立しません。商売である以上、買い手であるお客様のニーズはとても大切です。

自分がもっている「違い」は、誰かにとっての「必要」、つまり「価値」になる可能性がある、と前に述べました。違いとは「他者にないもの」ですから、他人から得るしかない。しかし、その違いにお金を出すほどの「価値」があるかとなると話は別です。

つまり、「違い」のままでは「売る」には弱いのです。そこで、単なる「違い」を売るのではなく、お客様のニーズにマッチするように**自分の「違い」を集結させ、お客様が手に取りやすいようなメニューとして形にする**。これがオンリーワンメニューの考え方です。オンリーワンメニューは、「違い」でお客様のニーズを満たすので、値下げ競争も宣伝競争も不要になるのです。

このオンリーワンメニューのわかりやすいお手本とも言えるのが、レストランの「お子様ランチ」です。

オンリーワンメニューはお子様ランチに学ぶ

小さな子供は好き嫌いが多く、外食しても満足にご飯を食べないことがあります。また集中力もありませんから、機嫌よくご飯を食べてくれないかもしれません。落ち着きがなく不器用なので、お椀などをひっくり返してしまうことも多いでしょう。

そんな子供の外食に不安いっぱいのママのために、レストランが提供しているのがお子様ランチです。

子供が大好きなハンバーグやエビフライ、チキンライスを集めてセットにし、楽しく食べられるよう、チキンライスには旗を立て、ゼリーやメロンソーダなどもついて、おもちゃまでプレゼント。そして子供がお皿をひっくり返さないように、これらをワンプレートで提供している。

つまりお子様ランチは、レストランができることを、小さな子供をもつママの外食時のニーズに集結させた、ママへのオンリーワンメニューなのです。

レストランがお子様ランチを用意してくれていないと、小さな子供をもつママは、自分のニーズを満たすために、「エビフライとハンバーグとチキンライスとサラダを。チキンライスには旗を立ててください。それからメロンソーダを。それらをワンプレートでお願いします」と注文しなければなりません。そんなことは事実上不可能です。

だからレストランは、プロとして、小さな子供をもつママのニーズを先回りして形にしているのです。いわばお子様ランチは、ママへのお店からの思いやりメニューなのです。

あなたのサロンのメニューは、お客様のニーズを先回りした、思いやりのあるオンリーワンメニューになっているでしょうか。

summary

お客様のニーズに、サロンの強みを集結させ、形にしたものがオンリーワンメニュー。
お子様ランチはオンリーワンメニューのわかりやすいお手本。

1-3 愛されオンリーワンメニューをつくる10のステップ

僕がオンリーワンメニューを、お子様ランチになぞらえて説明してから、ナナさんはしばらく口を開かずに何かを考えている。

30秒ほどたっただろうか、ナナさんは決意したように話し出した。

「つまり、今のアロマナナに必要なのは、値下げでも、ネット広告でも、新たな技術の習得でもなく、オンリーワンメニューをつくること、なんですね」

自分に言い聞かせるようにナナさんは続ける。

「レストランのお子様ランチのような、自分ができることをお客様目線でまとめた、愛情あふれるオンリーワンメニュー……たしかに今のウチに足りないものだわ……」

「もちろん、キャンペーンや情報発信、サービスの質を高めるための技術の習得なども大切です。

ですがナナさんの場合は、現在ご自身がもっているものを、お客様目線のメニューとして形にしてみてからでもよさそうですね。何と言っても、オンリーワンメニューを考えるのに費用はかかりませんから」

僕は少し明るく、ナナさんを元気づけるように言った。

「そうですね。それで具体的にはオンリーワンメニューづくりって、どうやって進めていけばいいんでしょうか？」

僕はナナさんの前に、1枚の紙を差し出した。

「サロンのオンリーワンメニューづくりは、まずサロンの使命とビジョンから本当に幸せにしたいお客様を決定し、現在のサロンの強みをそのお客様の悩みに集中させ、メニューアイデアを企画します。

その後、そのアイデアを実体化させるという流れで、合計10のステップで進めます。このステップどおりに進めれば、どんなサロンでも、自分だけの強みがお客様目線でまとめられた、オンリーワンメニューがつくれるようになっています」

10のステップの内容を目で追っていたナナさんから言葉がもれる。

「新メニューの開発って、もっと……高度というか専門的な内容をイメージしていました。

顧客のリサーチとか、試作品づくりとか……」

「工業製品などの商品開発では、商品として形をつくるのに長い時間や多くのコストがかかるので、リスクを最小限にするためにリサーチや試作品開発などが必要でしょう。

でも、サロンはサービスという形のないものを扱っていますから、オーナーの頭のなかで商品企画を行なってスピーディーに実体化させて、早くお客様にお試しいただいたほうがいいんですよ」

「うーん、何となくですが、それなら私でもできそうです。10のステップで、具体的に何をすればいいのか教えてください！」

＊＊＊

新商品開発・メニュー開発と言うと、大企業のプロフェッショナルが行なうもの……と考えてしまいますが、サロンにおけるメニューづくりはそんなに難しいことではありません。

メニューとして提供するサービスの中身は、すでにすべてサロンオーナーの頭と身体に染みついているのですから、どんなメニューにするのかというアイデア企画を考えるだけで、スピーディーにメニューとして実体化できるのです。

多額の投資が必要な工業製品ならば、用意周到な調査や試作をへて商品開発を行なう必要がありますが、小さなサロンという商売の場合は、早くお客様に提供できる形にメニューを実体化して、お客様の反応を見ながら修正を繰り返したほうが、少ないリスクで早く収益化しながら、新メニューを完成させることができます。

オンリーワンメニューづくり10のステップ

小さなサロンがオンリーワンメニューをつくるには、以下の10のステップで進めます。

◎オンリーワンメニュー・アイデアの企画（7ステップ）

【ステップ1】サロンの使命を明確にする

「何のためにサロンを経営しているのか」というサロンの使命＝理念を明確にすることが、オンリーワンメニューづくりのスタートです。サロンの使命から外れたオンリーワンメニューが人気になって儲かったとしても、あなたは幸せになれないでしょう。

【ステップ2】幸せなサロンの成功ビジョンを描く

サロンの使命の実現を目指して経営を行なうことで、5年後のサロンはどのような姿になっているでしょうか。使命を追求して成功した姿をビジョンとして描き、サロンのゴールを明確にしましょう。

【ステップ3】 本当に喜ばせたいお客様を一人に絞る

成功ビジョンが明確になれば、おのずと「本当に喜ばせたいお客様」の姿が浮かび上がります。その姿を追求して「一人の理想的なお客様像（ペルソナさん）」を描きましょう。

オンリーワンメニューはお客様目線でつくられます。あいまいなターゲットでは、お客様の目線に立つことは不可能です。お客様目線に立つために、お客様像が一人に絞り込まれていることが必要なのです。

【ステップ4】 専門家としてお客様の悩みを想定する

一人に絞り込んだお客様が悩んでいることを、過去の接客の経験や専門家としての知識から想定します。サロンに関連のある分野に限定せず、一人の人間としてお客様が悩んでいることを広く想定してみましょう。

そこにオンリーワンメニューが解決すべき、お客様のニーズがあるのです。

【ステップ5】 サロンの強みを棚おろしする

現在のサロンの強み（＝ライバルとの違い、ライバルよりも優れている点）を、「技術」「人」「付加価値」の3つの視点で棚おろしするとともに、提供可能な技術やサービスを書き出しておきます。

【ステップ6】 お客様の悩みの解決にサロンの強みを集中させる

想定したお客様の悩みを解決するために、サロンができることを考えましょう。
他のサロンにない強みを活かしてお客様の悩みが解決できれば、オンリーワンメニューになります。また、サロンができることをどのように組み合わせれば、悩みの解決に最適か、についても考えます。

【ステップ7】本当にやりたいメニュー・アイデアを選ぶ

お客様の悩みの解決のために、サロンの強みを集中させたオンリーワンメニュー・アイデアの中身が、本当にやりたい内容かどうかを考え、やりたくないもの、できないものは除外します。

◎オンリーワンメニューの実体化（3ステップ）

【ステップ8】オンリーワンメニューの「体」を決める

お客様がものを購入するときの心の動きである「AIDA（アイダ）」に沿って、オンリーワンの内容を具体化します。「AIDA」とは「注意（Attention）・興味（Interest）・欲求（Desire）・行動（Action）」のことで、お客様にいかに「注意」してもらい、「興味」をもたせ、「欲求」を喚起して、「行動」に導くかということです。

【ステップ9】オンリーワンメニューの「金」を決める

オンリーワンメニュー開発の10ステップ

オンリーワンメニュー・アイデアの企画（7ステップ）

ステップ1	サロンの使命を明確にする
ステップ2	幸せなサロンの成功ビジョンを描く
ステップ3	本当に喜ばせたいお客様を1人に絞る
ステップ4	専門家としてお客様の悩みを想定する
ステップ5	サロンの強みを棚おろしする
ステップ6	お客様の悩みの解決にサロンの強みを集中させる
ステップ7	本当にやりたいメニュー・アイデアを選ぶ

オンリーワンメニューの実体化（3ステップ）

ステップ8	オンリーワンメニューの「体」を決める
ステップ9	オンリーワンメニューの「金」を決める
ステップ10	オンリーワンメニューの「名」を決める

オンリーワンメニューの内容を具体化したら、メニュー料金を設定します。

【ステップ10】オンリーワンメニューの「名」を決める

最後にメニューに名前をつければ、あなただけのオンリーワンメニューが実体化します。

summary

サロンのオンリーワンメニューづくりは、工業製品の商品開発のように難しくない。10ステップで簡単！　無料でできる！

1-4 お客様も自分も幸せにするオンリーワンメニュー

「私、サロン経営がうまくいかなくなって、大切なことを忘れていた気がします」

オンリーワンメニューづくり10のステップの説明を聞き終わったナナさんは、こう切り出した。


「私がサロンを始めたのは、自分が不妊や子育てに悩んだときにアロマに助けられたから、同じように悩んでいる人の助けになれば、と思ってだったのです。

でもいつの間にか、ちゃんと売上を上げるために何とかしなくちゃ！　という気持ちが勝ってしまって。それで売上を上げるために化粧品を販売したり、流行りに乗ってアンチエイジングメニューを加えたり、値段が原因だと思って値下げしたり、ブログの友だちを1000人に増やしたり……。

全部、お客様のためじゃなくて、私自身のために、サロンがうまくいくためにやっていました。

私と同じ悩みを抱えている人のためじゃなかった！　私、何やっていたんだろう……」

今まで自分がサロン経営でしてきたことを思い出しながら、ナナさんの目はすこし潤んでいる。

「僕がお会いしてきた、多くのサロンオーナーの方も同じです。

夢をかなえるためにサロンを始めたのに、いつの間にかサロンを続けること＝お金を稼ぐことが目的になってしまうのです。

この逆転現象を解決するためにも、オンリーワンメニューづくりは効果的なのです。先ほどご説明した10のステップを進むと、自然に自分が本当にやりたかったこと、つまり自分の夢を思い出します。

自分が本当に幸せにしたいお客様に向けたメニューをつくって売るのですから、成功すれば、大好きなお客様だけに選ばれる、夢をかなえるサロンになれるのです」

「私、オンリーワンメニューづくり、やってみます。初心に戻って、自分の夢をかなえる、お客様のことを本当に考えたメニューづくり、やってみます」

ナナさんは僕を真っ直ぐに見つめて、決意を告げた。

＊＊＊

サロン経営における、目的と手段の逆転

「忙しいママが笑顔になるように、アロマの力を使いたい」
「疲れて悲観的になっている女性を癒したい」
「がんばりすぎる人が、ありのままに生きるためのきっかけづくりがしたい」
など、ほとんどのサロンの出発点には「夢」があります。

ですが、経営がうまくいかないと、サロンが存続すること＝お金を稼ぐことが目的のようになってしまうのです。

「サロンの存続に必要なお金を稼ぐためなら、何をやってもいい」「いや、何でもしなくちゃならない……」

目的と手段が逆転してしまったサロンのオーナーは不幸です。常にお金を稼ぐことに追いかけられ、お客様をお金として見てしまうようになります。そして、その姿勢はお客様に伝わり、お客様から選ばれることもなくなっていくのです。

オンリーワンメニューで、自分もお客様も幸せに

オンリーワンメニューをつくる第一の目的は、**価格競争や宣伝競争から逃れ、売り込まなくてもお客様に選ばれるサロンになる**ことです。

しかし、サロンオーナーはオンリーワンメニューづくりを通して、もっと大きいものを得ることができます。

サロンの使命を明確にすることで、本当にかなえたかった夢を再確認できます。また、本当に幸せにしたいお客様を一人に絞ることで、サロンのコンセプトが明確になります。

そして、お客様を幸せにすることに、サロンの「違い」を集結してつくられたメニューは、大好きなお客様だけに選ばれることにつながり、サロンオーナーの夢を実現に導くのです。

まさに、お客様の幸せとサロンオーナーである自分の幸せをつなげるのが、オンリーワンメニューです。

summary

オンリーワンメニューは競争を避けて集客するマーケティング手法であると同時に、サロンオーナーが本当につくりたかったサロンを実現するための手段でもある。

2章

繁盛サロンのオンリーワンメニューを見てみよう

ナナさんと僕は正式にサポート契約を結び、オンリーワンメニューづくりを手伝うことになった。早速、メニューづくりを開始してもいいのだが、僕はナナさんにこんな提案をした。

「オンリーワンメニューづくりをスタートする前に、他のサロンのオンリーワンメニューを見てみませんか？　きっとメニューづくりのヒントになりますよ！」

ナナさんのようなアロマサロン以外にも、オンリーワンメニューをつくって、幸せな経営を実現している人はたくさん存在する。その事例をナナさんに見てもらいたかったのだ。

「そうですね、たしかに他のサロンがどんなオンリーワンメニューをつくっているのか、興味があります。何だか私、ワクワクしてきました！」

＊＊＊

本章では、実際にオンリーワンメニューをつくって、幸せな経営を実現しているサロンを紹介します。一見、共通点がない業種の事例が参考になる場合もあるので、一つひとつの事例をじっくりと読んでくださいね。

［2-1］丘の上さろん

Lucu*Lucu（ルクルク）

［2-2］自分色＆スタイル提案の
パーソナルカラー診断サロン

ユメノイロ

［2-3］技術アップスクール

Carpe Diem（カルペディエム）

［2-4］アスリートのための治療院

よつ葉整骨院鍼灸院

［2-5］ヒーリングサロン＆スクール

そらとうみ

［2-6］リハビリ＆社会復帰のための
心理カウンセリング・コーチング

岡崎あや

2-1 寝た気がしないママへ ぐっすりバリ式マッサージ

丘の上さろん Lucu*Lucu

バリニーズセラピストと言語聴覚士。「大人と子供のセラピスト」がいる丘の上の非日常バリニーズサロン

丘の上さろん Lucu ＊ Lucu（ルクルク）は、文字どおり丘の上に立つ一軒家サロン。小さな雑貨屋さんのような雰囲気の非現実空間のサロンです。

オーナーセラピスト松野さんは、本格バリニーズの施術ができる大人向けのセラピストでありながら、国家資格をもつ小児分野の経験もある言語聴覚士（子どものセラピスト）でもあるという「大人と子どものセラピスト」です。

ご自身も小さなお子様を育てながら働くお母さんであることから、「子どもの健やかな発達には、母親の心身の安定が何よりも必要」という使命のもと、サロンを経営されています。

Lucu*Lucu（ルクルク）[lucu2.net]

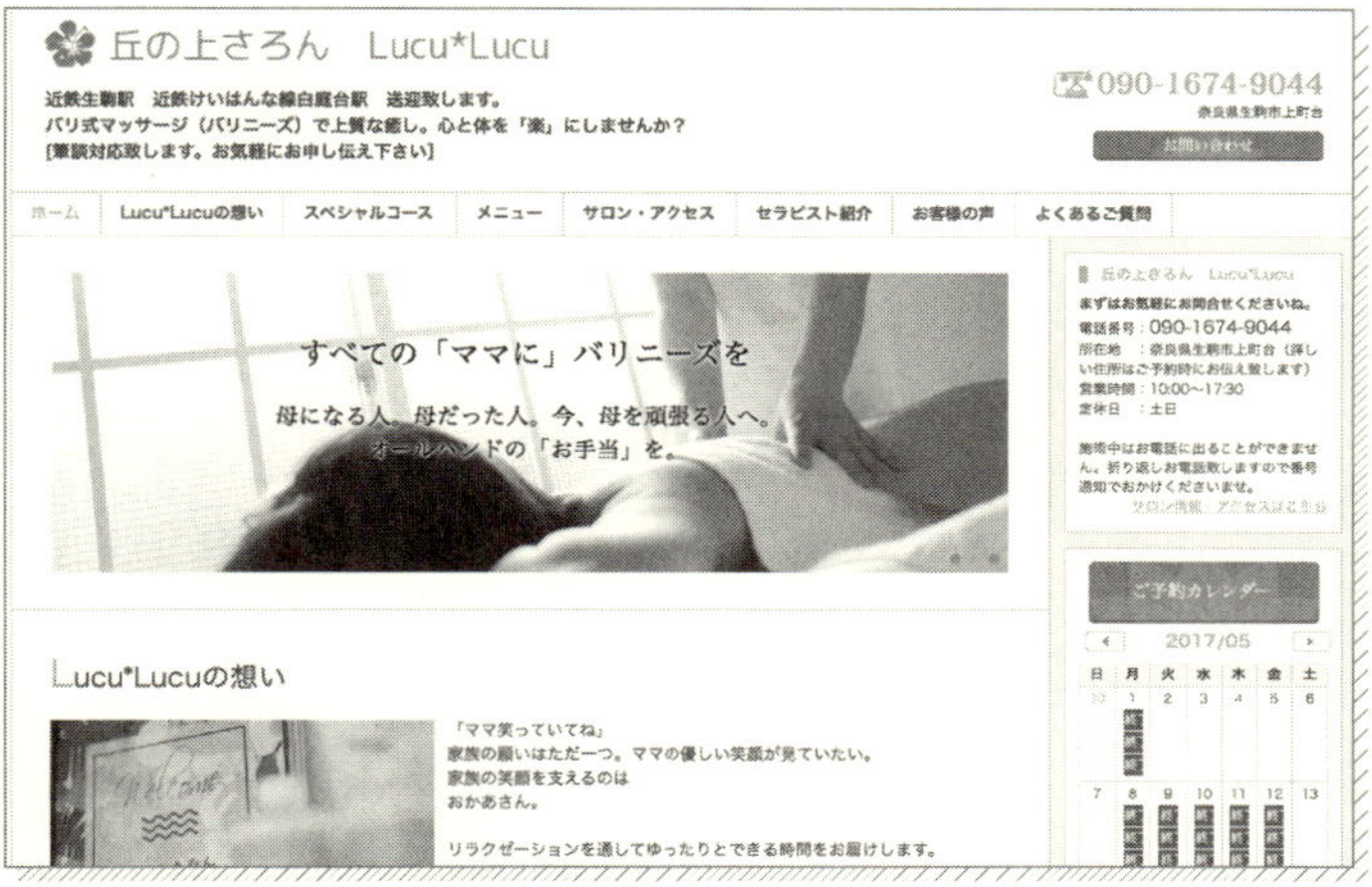

松野祐美子さん

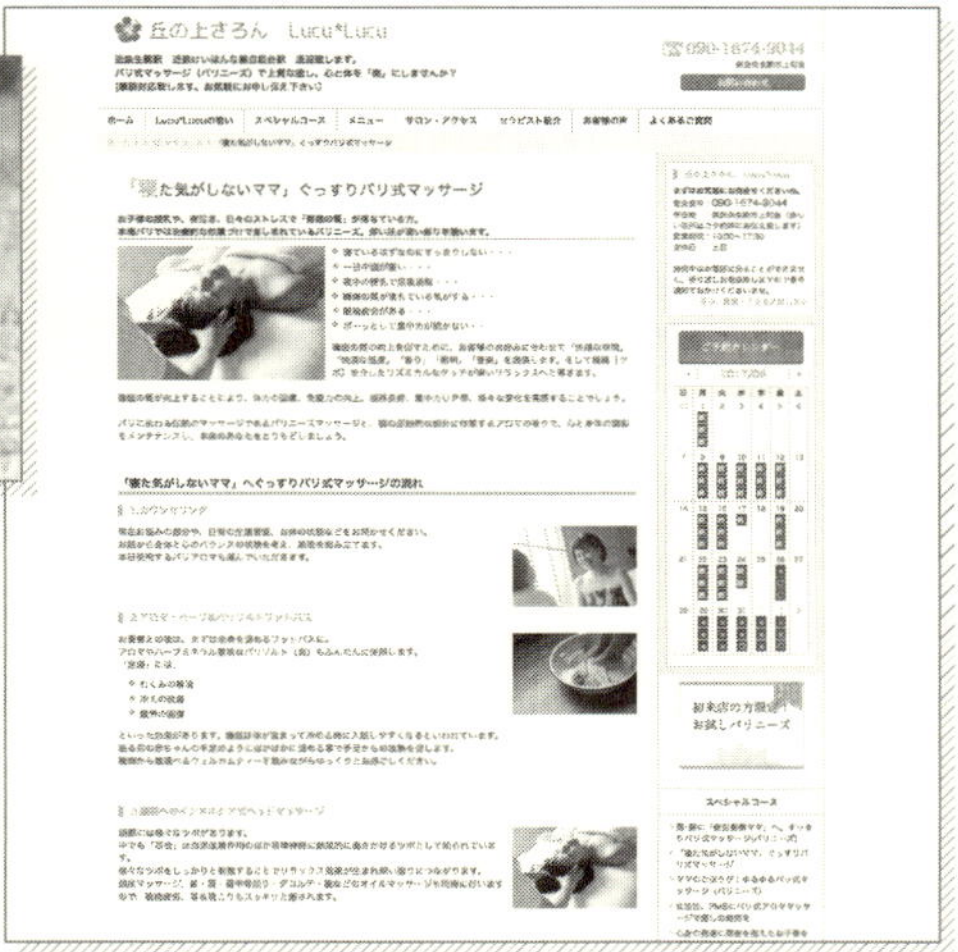

【インタビュー：オンリーワンメニュー「寝た気がしないママへ　ぐっすりバリ式マッサージ」ができるまで】バリニーズセラピスト・言語聴覚士　松野祐美子さん

「寝た気がしないママへ　ぐっすりバリ式マッサージ」のメニュー・アイデアはどうのようにして生まれたのですか？

幼い子どもを抱えて育児奮闘中の、36歳の子育てママをサロンのペルソナさんに想定して、育児まっただなか！　のママさんの生活から悩みを考えました。

出産直後から女性は、一人での睡眠が確保できなくなります。だから「寝ても寝た気がしない」という声が多い。私もそうでしたし（笑）。

睡眠不足の不規則な生活は、様々な身体の不調やメンタルの不調を引き起こす原因にもなります。

がんばりすぎるママは、ついつい自分のことはあと回しになってしまうので、そんなママにぐっすり睡眠をとっていただき、心身の不調を未然に防ぐことができたら、と思い、このメニューをつくることにしました。

「寝た気がしないママへ　ぐっすりバリ式マッサージ」のアイデアを実体化するときに、どんな工夫をしましたか？

睡眠不足からの不調により、お体が冷えてしまっているお客様が多いので、施術前には身体を温めるフットバスの時間を用意しています。

睡眠に直結する頭部への施術には、洗い流さないバリ式のヘッドスパを導入することで、リラックス効果を狙っています。

また、家族のために衣食住を提供しているママに、少しでも「お姫様気分」を味わっていただけるように、「ドリンク・アロマ・照明の雰囲気・室内温度」など、様々なことを選択可能なシステムにしました。もちろん、お子様連れOK、お友だち同士のご予約OKとさせていただいています。

メニュー名は、親しみやすく感覚的にとらえやすいものにしました。

「寝た気がしないママへ　ぐっすりバリ式マッサージ」の効果や反響は？

このオンリーワンメニューをつくったおかげで、私が想定したペルソナさんにぴったり合うお客様が増えています。子連れでも、友だち連れでも、子育てママが気兼ねなく来店できるサロンを目指しているので、これはうれしいことですね。

ホームページからご予約のお客様は、「〝ぐっすり〟でお願いします」と、コース内容のネーミングでご予約してくださるので、ネーミングも効果ありかな？　と思っています。

ネーミングと言えば、言葉の誘導効果か、それこそ「ぐっすり」と眠られるお客様が多いですね（笑）。夜泣きや授乳で「寝た気がしない」というママにも、「すっきりした」とおっしゃっていただいています。

カウンセリングの際には、子ども向けのセラピストである強みを活かして、子育てのお話やお子様の発達のお話もさせていただいています。

ご自身のことだけでなく、子どものことが話せるというのは、子育て中のママにとって安心材料であるようです。

【2-2 パーソナルカラー診断&クローゼットスッキリコース】

自分色&スタイル提案のパーソナルカラー診断サロン　ユメノイロ

ベテランカラーアナリストが「色の魔法」を伝えるサロン

ユメノイロ代表の友田さんは、カルチャースクールで10年以上、初心者向けの講座を受けもってきたベテランのカラーアナリストです。

大手百貨店、公共機関や教育機関で、講師として活躍されているかたわら、ご自宅サロンや出張で、パーソナルカラー診断や同行ショッピングなどの個人へのサポートも行なっています。

ユメノイロの使命は、「大人の女性に〝色の魔法〟を伝え、年齢に合ったムリのない自分色を見つけ、素敵にキレイに輝き、自信をもってもらう」こと。

代表の友田さんご自身が色の魔法に魅入られ、人生が変わった経験を伝える活動を続けておられます。

ユメノイロ [yumenoiro.net]

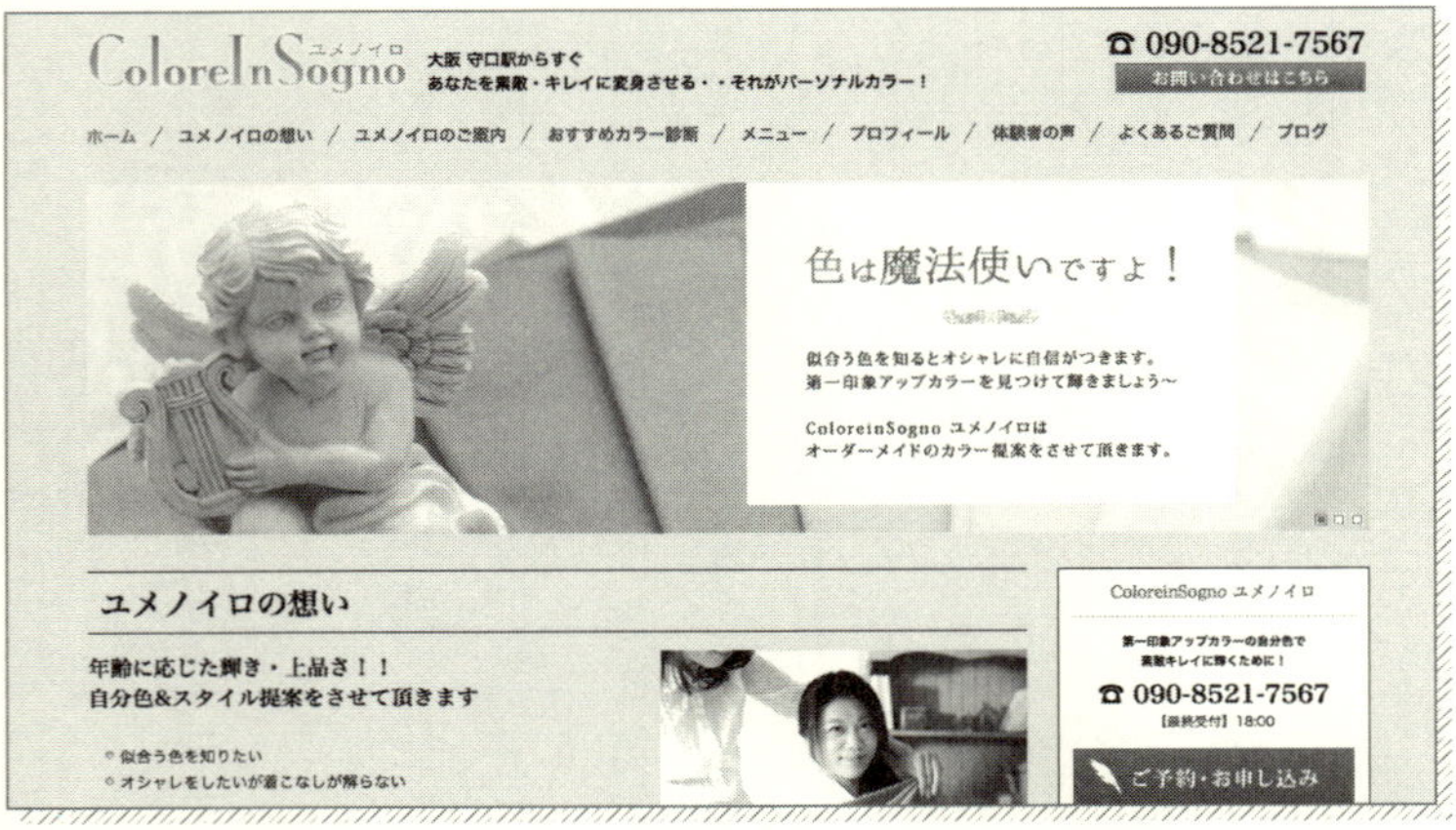

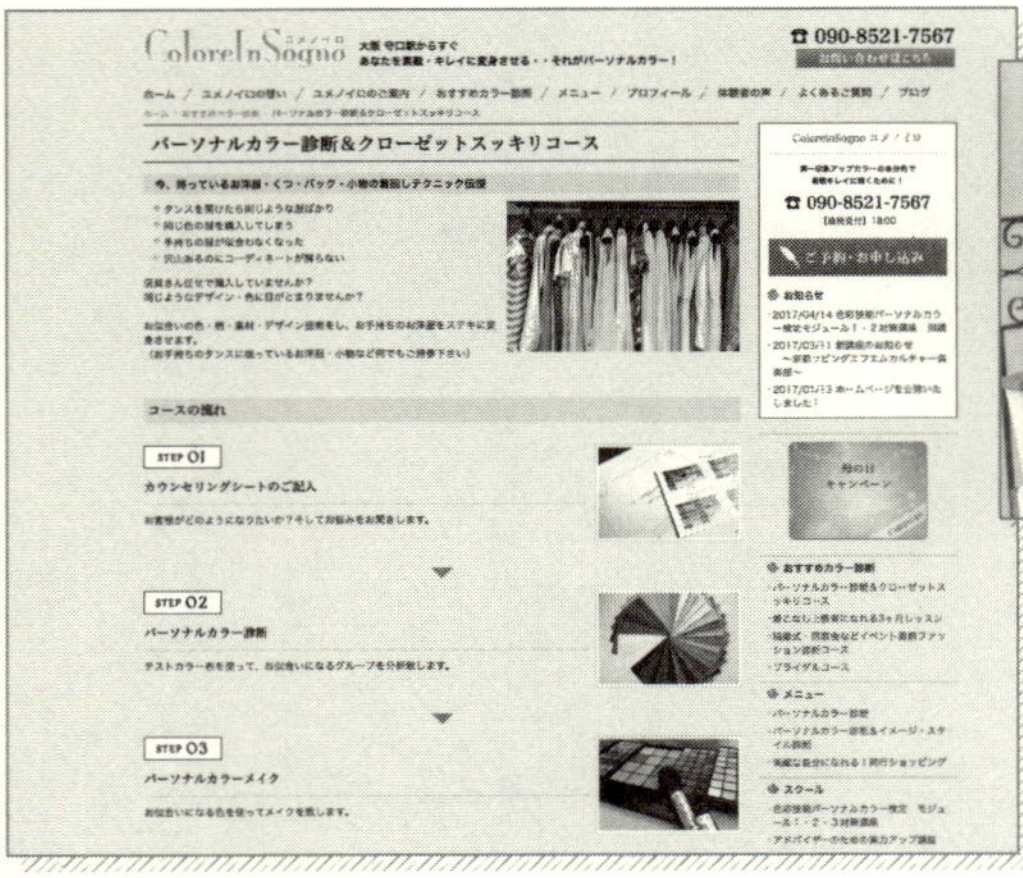

友田佳美さん

【インタビュー：オンリーワンメニュー「パーソナルカラー診断&クローゼットスッキリコース」ができるまで】カラー&イメージスタイリスト　友田佳美さん

「パーソナルカラー診断&クローゼットスッキリコース」のメニュー・アイデアはどうのようにして生まれたのですか？

ペルソナさんを「おしゃれな自分のポリシーのある51歳の女性」と設定しました。

おしゃれな方は、おしゃれであるがゆえに、洋服や小物も頻繁に購入されるものです。だから、クローゼットが飽和状態になってしまいます。でも、なぜかうまく着回しできない。つまり、たくさんのアイテムを活かしきれていない悩みがあると想定しました。

こんな人には、「パーソナルカラー」とか「似合う色」よりも、「クローゼットをスッキリさせたい！」という願望があるのかな、という発想です。

私自身も、カラーの仕事をする前は、シーズンの衣替えのときは半日くらいかけて断捨離状態で洋服を処分していましたが、今では衣替えも非常にスムーズです。クローゼットのお洋服もスッキリ。でも、日々のコーディネートにはまったく困らない。

なぜかと言うと、私自身の似合う色調域で、洋服・靴・バッグ・アクセサリー・小物を購入しているからなのです。

この喜びをお客様にお伝えしたい、という想いもこのコースをつくった理由のひとつです。

「パーソナルカラー診断&クローゼットスッキリコース」のアイデアを実体化するときに、どんな工夫をしましたか？

カラー診断やスタイル診断を行なうことが目的じゃない、というのが特徴です。クローゼットをスッキリさせて、かつ着回しに困らない、という状態をつくることが目的のコースになっています。

そのために念入りにカウンセリングさせていただき、パーソナルカラー診断を行ない、そのあと、パーソナルカラーでのメイクを行ない、お客様のベースを確定させます。

そして、そのベースのうえで、ベストカラー診断とライン診断を行ない、本当に似合う洋服・靴・バッグ・アクセサリー・小物などを厳選していきます。

お望みのお客様には、診断結果に基づいた同行ショッピングも行なっています。

「パーソナルカラー診断&クローゼットスッキリコース」の効果や反響は？

まず、これまで多くのメニューを打ち出しすぎてごちゃごちゃになっていた、ユメノイロのホームページが、スッキリしました（笑）。

「パーソナルカラー診断&クローゼットスッキリコース」をご依頼いただいたお客様からは、「普通のパーソナルカラー診断との違いがわかりやすかった」「パーソナルカラーって似合う色だけだと思っていたけれど、違うのですね。整理整頓までできてしまう。お得！」という声をいただいています。

女性って、クローゼットを開けるたびにきれいに色が並んでいれば、心も晴れやかに、ウキウキするものなんです。

今後もお客様お一人おひとりに、お似合いになる色提案やクローゼットスッキリ提案を通してお役に立てれば幸せです。

2-3 サロン技術&おもてなしチェック実践講座

技術アップスクール　Carpe Diem

丁寧な技術+貴女らしいおもてなしサロンワークを軸に、小さなサロンを幸せな成功へ導くスクール

カルペディエムは、一流ホテルスパでのセラピストとトレーナー経験を小さなサロンオーナーに伝える、技術とおもてなしのスクールです。

自らの経験から得た、一流の技術はもちろん、通常のアロマ技術スクールでは習うことができない、お客様の誘導からタオルワークや拭き取りなどの細かなおもてなしまでを伝えています。

「丁寧な技術と貴女らしいおもてなしサロンワークを軸に、小さなサロンを幸せな成功に導く」という使命のもとに行なわれているレッスンは、本物を目指す多くのセラピストの支持を得ています。

Carpe Diem（カルペディエム）［holistic-facial.com］

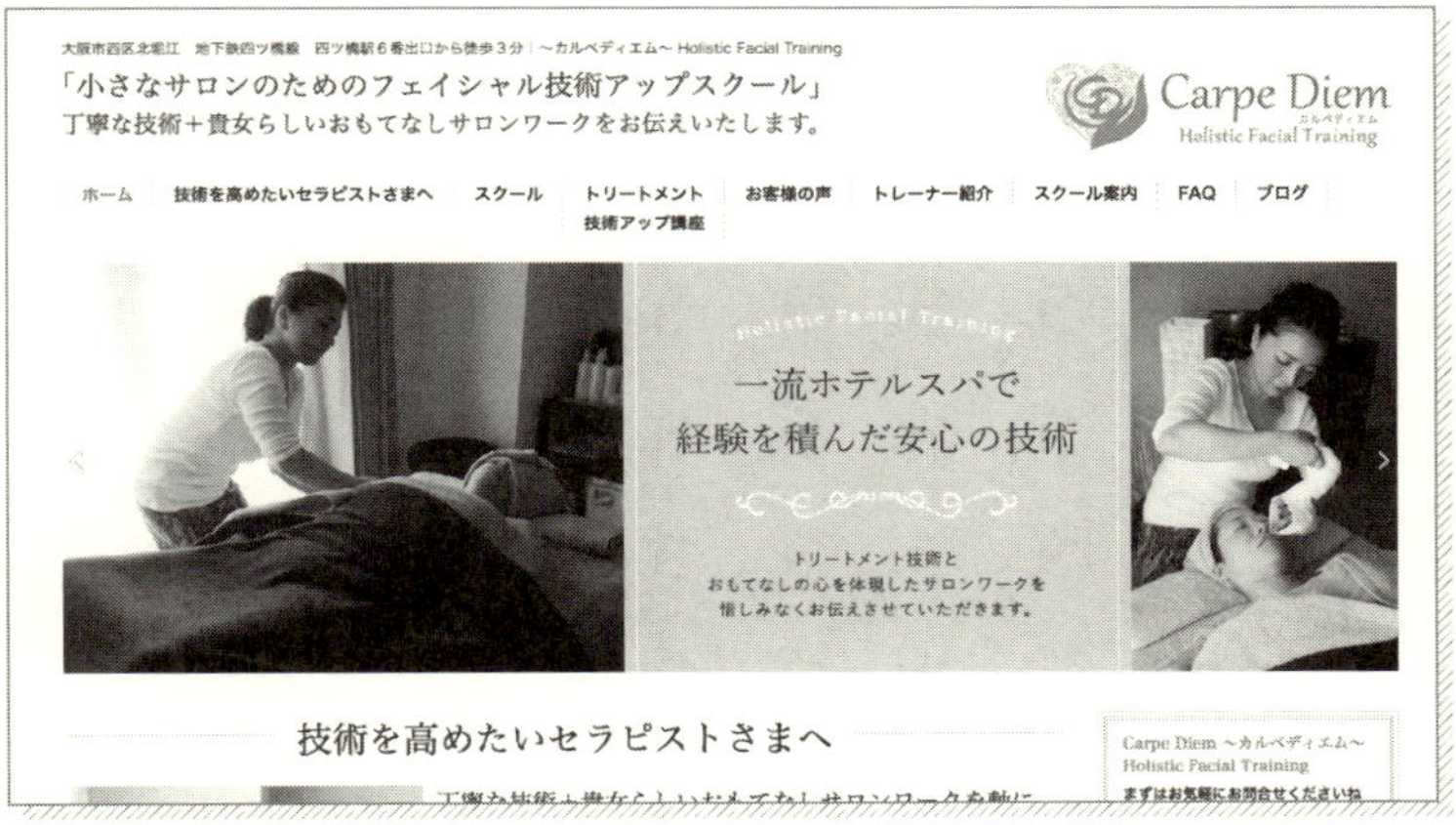

平井博美さん

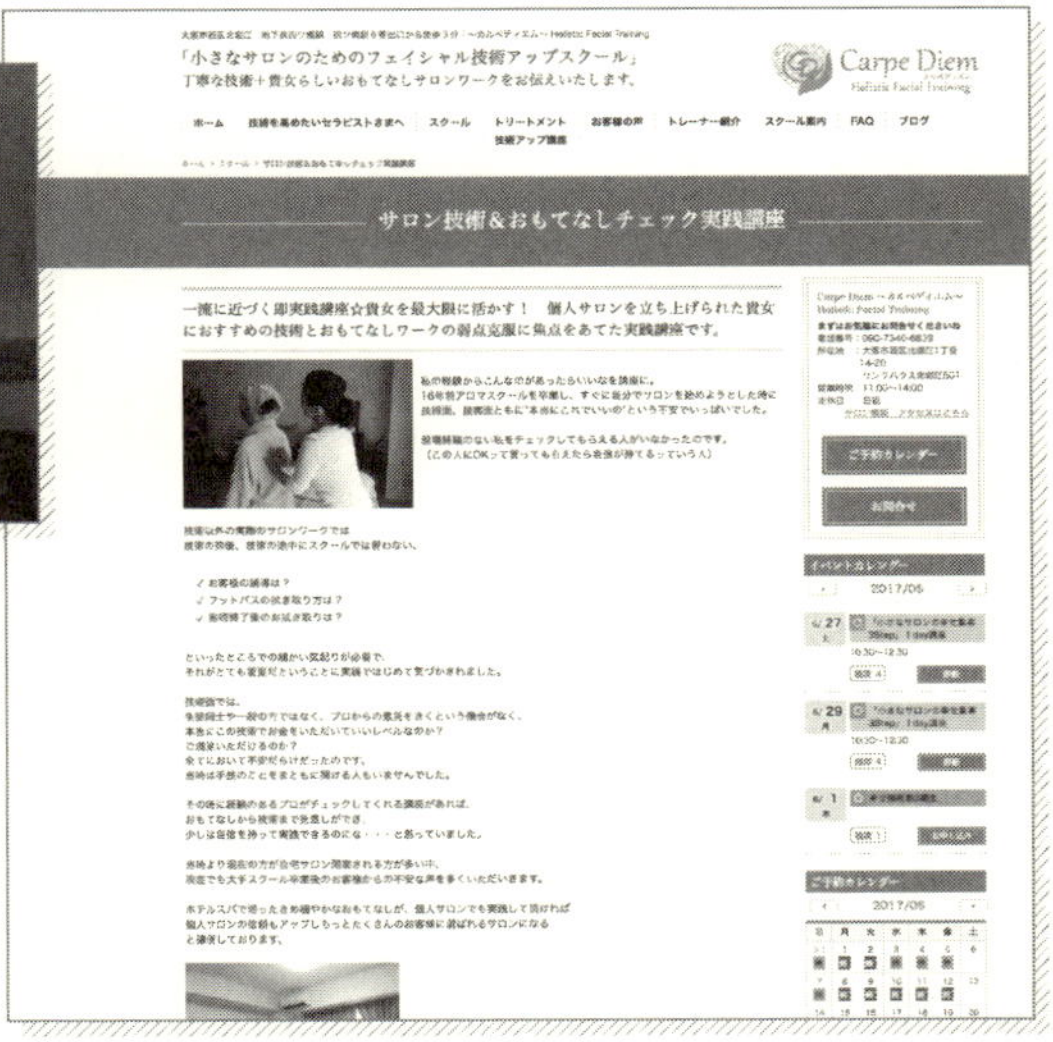

【インタビュー：オンリーワンメニュー「サロン技術&おもてなしチェック実践講座」ができるまで】セラピスト・トレーナー　平井博美さん

「サロン技術&おもてなしチェック実践講座」というメニュー・アイデアはどのようにして生まれたのですか？

ペルソナさんである、自分で小さなサロンを始めたばかりのオーナーさんって、技術とおもてなしの両方で、「本当にこれでいいの？」という不安でいっぱいだと思ったんです。とくに現場経験の少ない方は、「この人にOKと言ってもらえたら自信がもてる！」という、チェックをしてもらえる人がいません。

「本当にこの技術でお金をいただいていいレベルなのか？　ご満足いただけるのか？」と、すべてにおいて不安だらけになり、サロン経営も行き詰まってしまっているのではないか。

そんなときに技術とおもてなしの両方をプロがチェックしてくれる講座があれば、技術からおもてなしまで見直しができ、自信をもってサロンを経営していけるのでは、と思い、講座をつくることにしました。

「サロン技術&おもてなしチェック実践講座」のアイデアを実体化するときに、どんな工夫をしましたか？

実際のサロンワークでは、技術はもちろん大事ですが、技術の前後や技術の途中にスクールでは習わない「お客様の誘導」「フットバスの拭き取り方」「施術終了後のお拭き取り」といった細かいおもてなしの配慮が必要で、これがお客様の満足度に直結します。

ですから講座では、私がホテルスパで培った、こういったきめ細やかなおもてなしをお伝えすることに重点を置いています。

また、技術チェックに関しては、事前に「どこのスクールで習ったのか」「練習はどれくらいしているのか」「どんな技術を目指しているのか」といったことをお聞きしたうえでチェックを行ない、すぐに効果の出やすい基本の体重移動や姿勢に焦点をあて、改善のアドバイスをするようにしています。

「サロン技術&おもてなしチェック実践講座」の効果や反響は？

対象を明確にした講座をつくったことで、現在のサロンワークに自信がもてない小さなサロンのオーナーセラピストさんがたくさん受講してくださっています。

「これまでのスクールでは、こんなこと習ったことがない！」

「これを知っているのと知らないのとでは、お客様の満足度が違ってくるのは当然」

「今までの自分の施術が恥ずかしい」

「ここまで細かい配慮が必要なんですね」

「人と人とのふれあいってこういうことなんだ」

「今までのクセを直したことで、あやふやで苦手だった手技が明確になった」

などの声をいただいています。講座はとても好評で、ご紹介も増えています。

私が経験した歯がゆい体験が講座となり、みなさんのお役に立てていることがとてもうれしいです。

2-4 サッカー選手向けスポーツ障害治療・ケガ防止・能力向上のためのトレーナーサービス

アスリートのための治療院　よつ葉整骨院鍼灸院

スポーツ障害治療から、ケガ防止・競技能力向上のためのトレーナーサポートまで

大阪市に2店舗を展開する、よつ葉整骨院鍼灸院は、「単なる治療ではなく、アスリートや患者の方の意識を変える関わり方をすることで、それぞれの夢の実現をサポートする」という使命を掲げ、中学生・高校生から大人のアスリートまでのスポーツ障害の治療をはじめとして、姿勢を改善し、ケガ防止や競技能力向上のためのフィジカルとメンタルのトレーナーサポートを行なう治療院です。

その高い専門性により、遠方の地域からも来院が絶えません。また、アスリートに対するサポート理論を基に、一般の人にも治療とケガ防止、再発防止サポートを行なっています。

よつ葉整骨院鍼灸院 [yotsuba-group.biz]

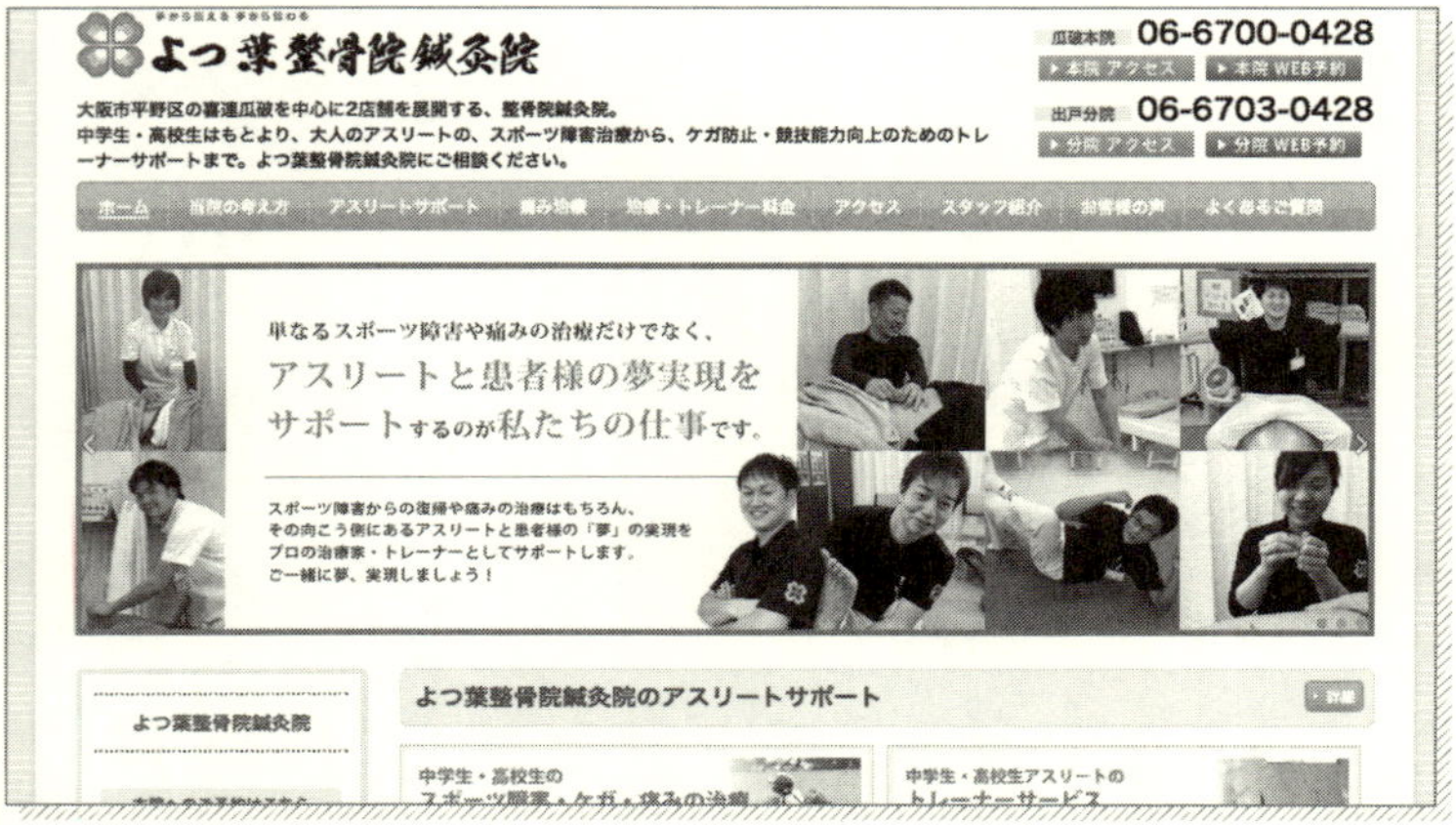

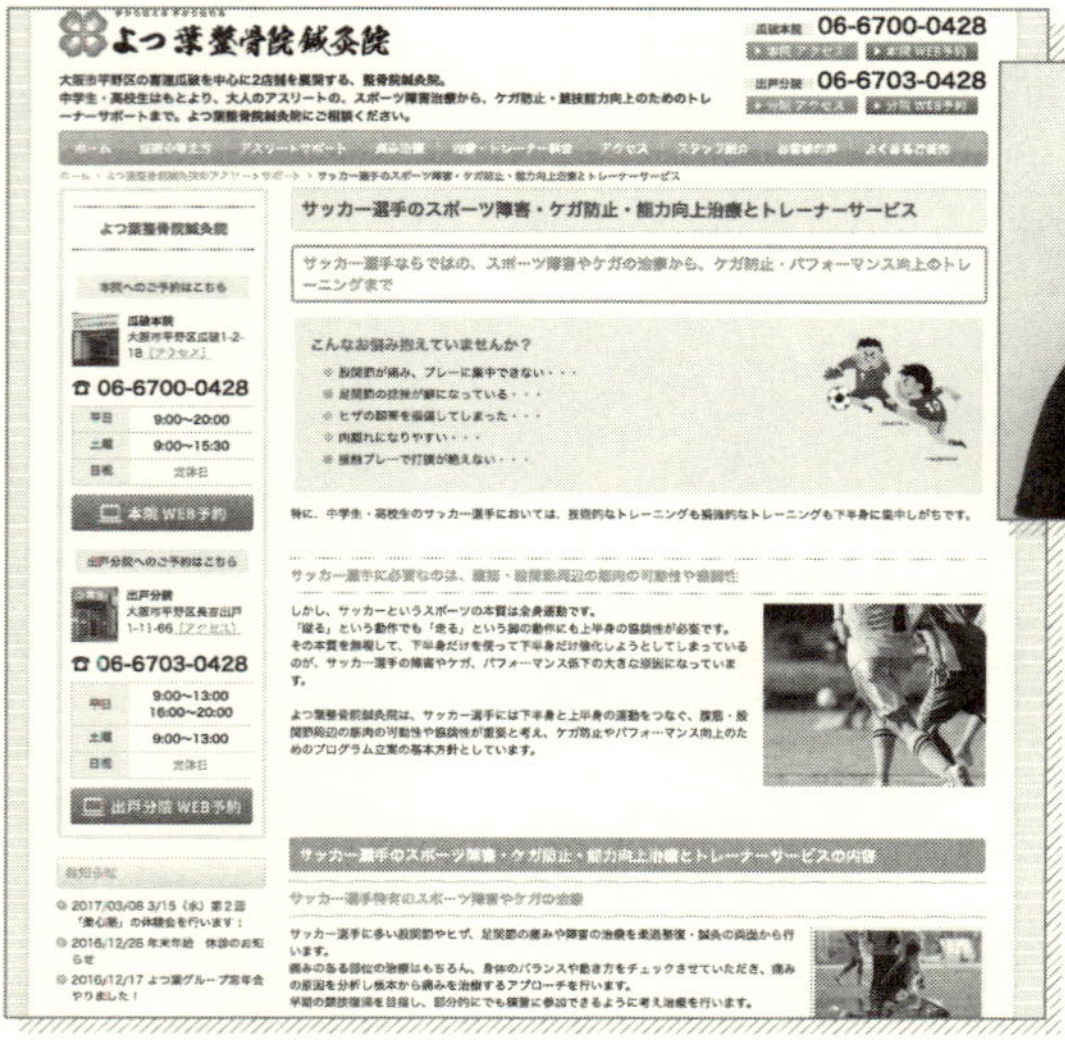

大野義啓さん

【インタビュー：オンリーワンメニュー「サッカー選手向けスポーツ障害治療・ケガ防止・能力向上のためのトレーナーサービス」ができるまで】よつ葉グループ代表　大野義啓さん

「サッカー選手向けスポーツ障害治療・ケガ防止・能力向上のためのトレーナーサービス」というメニュー・アイデアはどのように生まれたのですか？

メインのペルソナさんである、中学生と高校生のアスリートのことを考えたとき、競技人口が多く、スポーツ障害も多いスポーツは、「サッカー」「野球」「バスケットボール」「柔道」の4競技であると想定しました。瞬発的に激しく動作することが多く、接触プレーがありますからね。

そのうえで、当院が行なっている中高生アスリートに対するサポートも、競技別にくわしく解説することにしました。

自分がサッカーをやっているのであれば、サッカー選手向けの説明をされたほうが頭に入ってきますし、当院のサポートを受けることの大切さもわかってくれるのではないか、と思ったからです。

もちろん、サッカー以外の野球、バスケットボール、柔道に関しても同じようにメニューをつくることにしました。

「サッカー選手向けスポーツ障害治療・ケガ防止・能力向上のためのトレーナーサービス」のアイデアを実体化するときに、どんな工夫をしましたか？

サッカー経験者のスタッフを中心に、サッカーというスポーツの「キモ」を考えました。サッカーは足で行なうスポーツと考えがちで、トレーニングも下半身に集中しがちです。ですが、人間の身体は下半身だけでは存在できませんね（笑）。

現実問題としてサッカーは全身運動であり、上半身と下半身の協調性が「キモ」なんです。そのキモを無視した下半身集中トレーニングや身体の使い方がトラブルを引き起こしたり、競技能力の向上を妨げていることが多いのです。

ですから、サッカー選手には下半身と上半身の運動をつなぐ、腹筋・股関節周辺の筋肉の可動性や協調性が重要と考え、この考え方をベースにケガ防止やパフォーマンス向上のためのサポートを説明するようにしました。

「サッカー選手向けスポーツ障害治療・ケガ防止・能力向上のためのトレーナーサービス」の効果や反響は？

やはり、サッカー・野球・バスケットボール・柔道をしている中学生・高校生が自分ごととしてとらえて来院してくれるようになりました。

競技別にくわしくメニュー化したので、当院のスタッフのもつ高い専門性がアピールできていると思います。また、スポーツへの高い専門性が、一般の人への安心感や信頼感につながってご来院いただけているなど、相乗効果も出てきています。

当初はアスリートに特化することで、一般の人のご来院が減ってしまうのではないかと心配していたのですが、逆にいい結果となって驚いています。

2-5 お金のブロック解除 クリエイティング・マネー思考セラピー

ヒーリングサロン&スクール　そらとうみ

スピリチュアルと潜在意識を学んで、女性が幸せで豊かに生きるためのサロン&セラピスト養成スクール

「本当に幸せになるために、スピリチュアルと潜在意識を使う・学ぶ」という使命のもと、ヒプノセラピーやチャネリングをはじめとした、セラピーやヒーリングのセッションと養成講座を展開するサロン&スクールである「そらとうみ」さん。

代表の永田さんが開発したスピリチュアルと潜在意識を活用したブロック解除法である「思考セラピー」も特徴のひとつ。

養成講座を受けた人には、開業支援まで積極的に行なうなど、充実したサポートでファンの多いサロン&スクールです。

そらとうみ [sora-umi2011.com]

永田しのぶさん

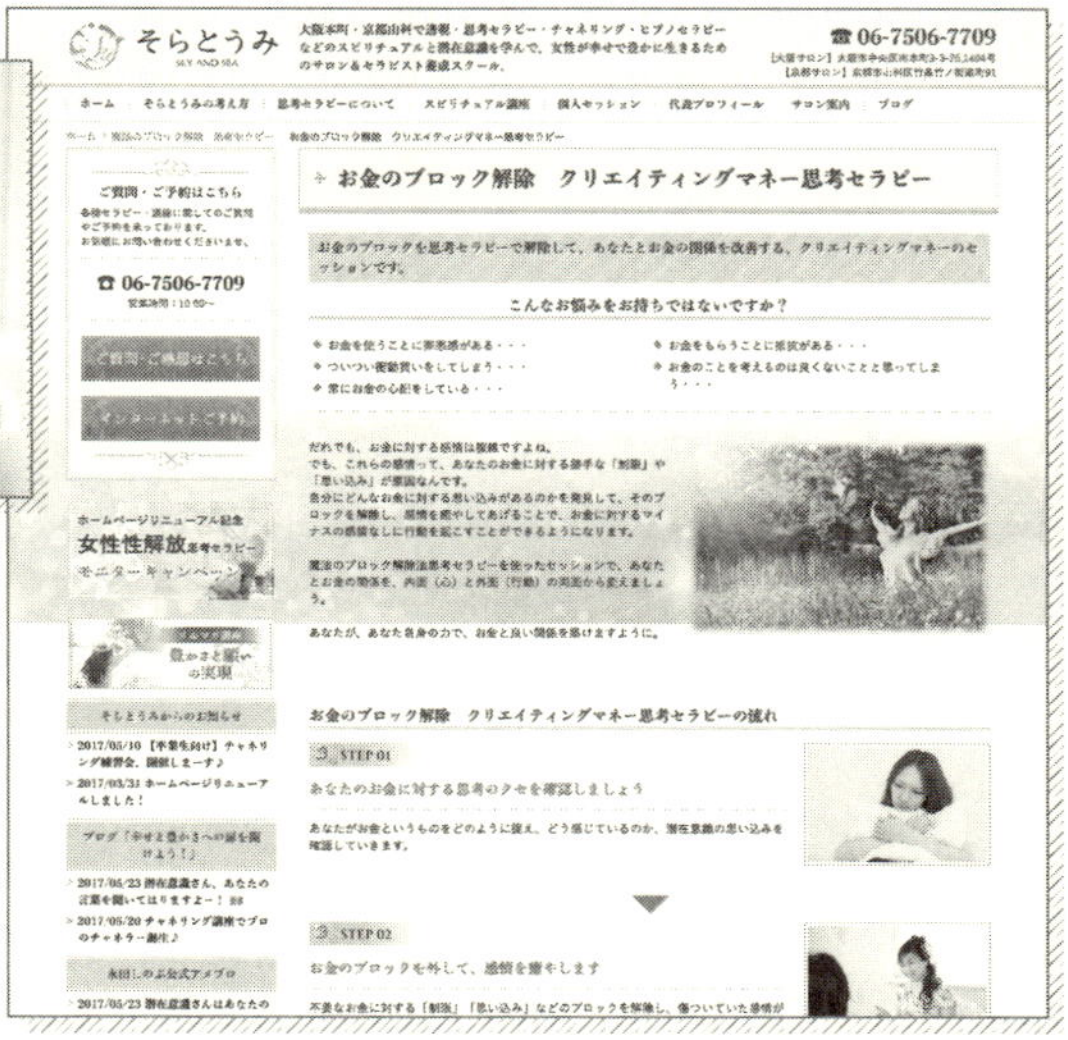

【インタビュー：オンリーワンメニュー「お金のブロック解除　クリエイティング・マネー思考セラピー」ができるまで】そらとうみ代表　永田しのぶさん

「お金のブロック解除　クリエイティング・マネー思考セラピー」のメニュー・アイデアはどうのようにして生まれたのですか？

セッションに来られた女性のお悩みを振り返ったり、ペルソナさんである43歳のミユキさんの悩みを考えてみたりしていると、お金に対するものが多いと想定できました。

お金は実体がないので、自分で勝手にお金に対する思い込みや制限をつくりやすいのです。だから、悩みや感情も複雑になってしまうことが多いんですよね。

こんな実体のないものから生まれる思い込みや制限の解除には、私のオリジナルセラピーである「思考セラピー」がぴったりなので、メニューとしてわかりやくするといいんじゃないか、と思ったのです。

単に「思考セラピー」とうたっても、きっとよくわからないでしょうから（笑）。このセラピーは「お金の制限をとるセラピーですよ」と表現すればいいかな、って。

「お金のブロック解除　クリエイティング・マネー思考セラピー」のアイデアを実体化したときに、どんな工夫をしましたか？

思考セラピーに共通するブロック解除の手順が、

「思考のクセを発見する」

「害を生み出しているブロックを解除する」

「ブロックによって傷づいていた心を癒す」

「本来もつ能力を呼び覚ます」

というものなので、この流れをお金のブロックにあてはめて説明するようにしました。

お金に対してどう具体的な行動をとるのか、というアドバイスを最後に行ない、クライアントの方に行動を促すような流れを意識しています。

セッション名は、「お金のブロックを解除する」ということがわかるように、そのまま入れました。

またスピリチュアルに興味のある方ならわかる、「お金を創り出す＝クリエイティング・マネー」という言葉も入れ、お金のブロックを自覚していて、スピリチュアルに興味がある方に響くように工夫しました。

「お金のブロック解除　クリエイティング・マネー思考セラピー」の効果や反響は？

正式なセッション価格よりも値段を下げてセッションを体験していただく、モニターキャンペーンを期間限定で行なったところ、20名以上の方にセッションを受けていただくことができました。

反響の大きさに驚くとともに、女性にあるお金への悩みや制限の根深さにも気づかされました。

モニターキャンペーンでお越しいただいた方が、スピリチュアルや潜在意識に興味をもって、深く学びたいと講座に申し込まれるなど、相乗効果も出ています。

モニターキャンペーンで得られたご意見や経験を掘り下げて、よりクライアントさんが本当に幸せになるためのセッションになるように進化させていきたいです。

2-6 リハビリメンタルサポート

リハビリ&社会復帰のための心理カウンセリング・コーチング　岡崎あや

自身も障がいをもつサポーターが、カウンセリング・コーチング手法で当事者とご家族の心をサポート

ご自身が転落事故により、突然、重い障がいをもったが、リハビリを乗り越え、医師による寝たきり宣言から自力で歩けるようになったという経験をもつ岡崎あやさん。リハビリ後社会復帰され、心理カウンセリングとコーチングを学ばれました。

ご自身のリハビリと社会復帰の経験と、心理カウンセリングとコーチングで、「障がいをもつ当事者とご家族の方をサポートする」という使命のもと、当事者の方とご家族の心のサポートを行なっています。

[ayazou-create.com]

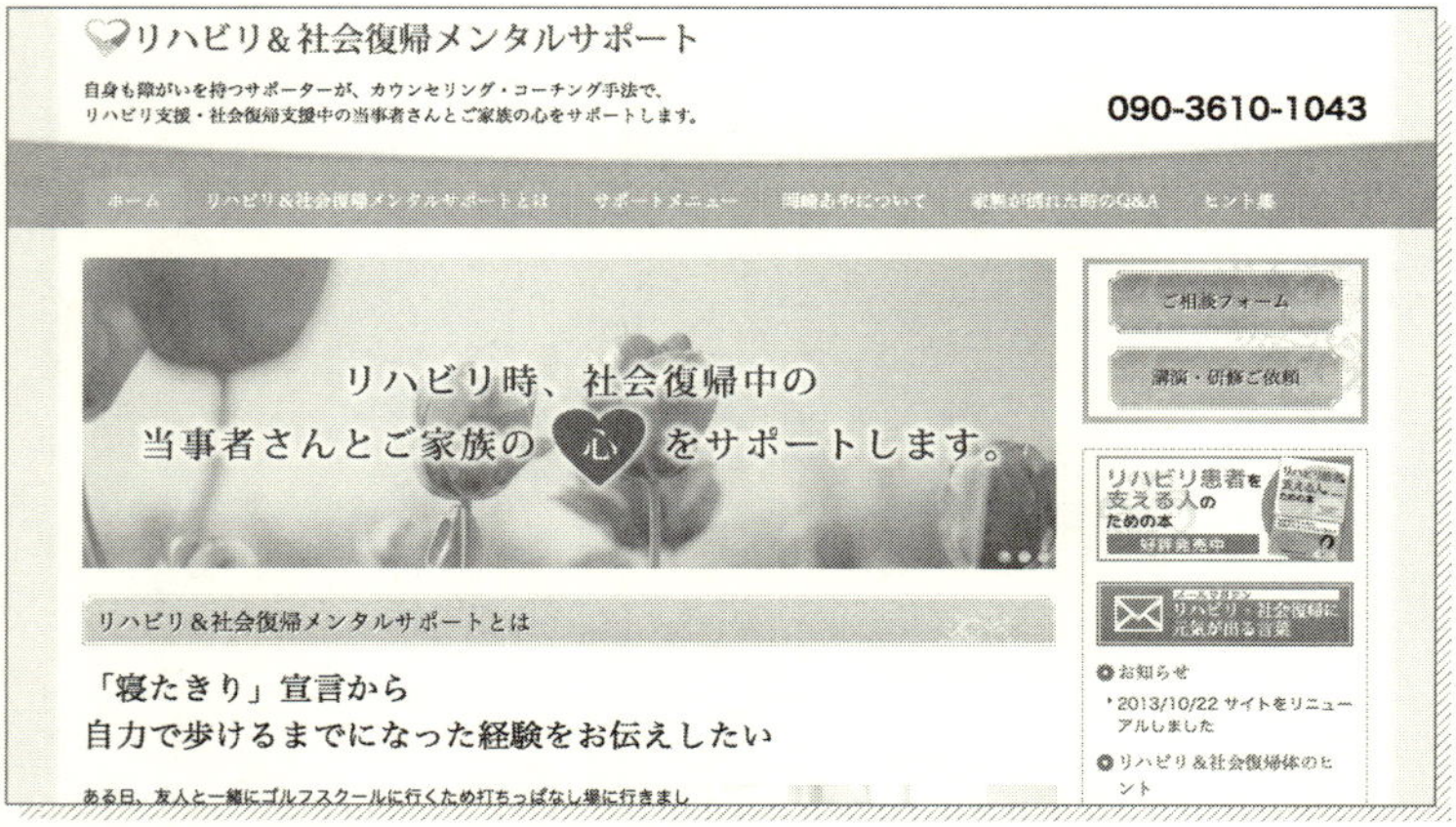

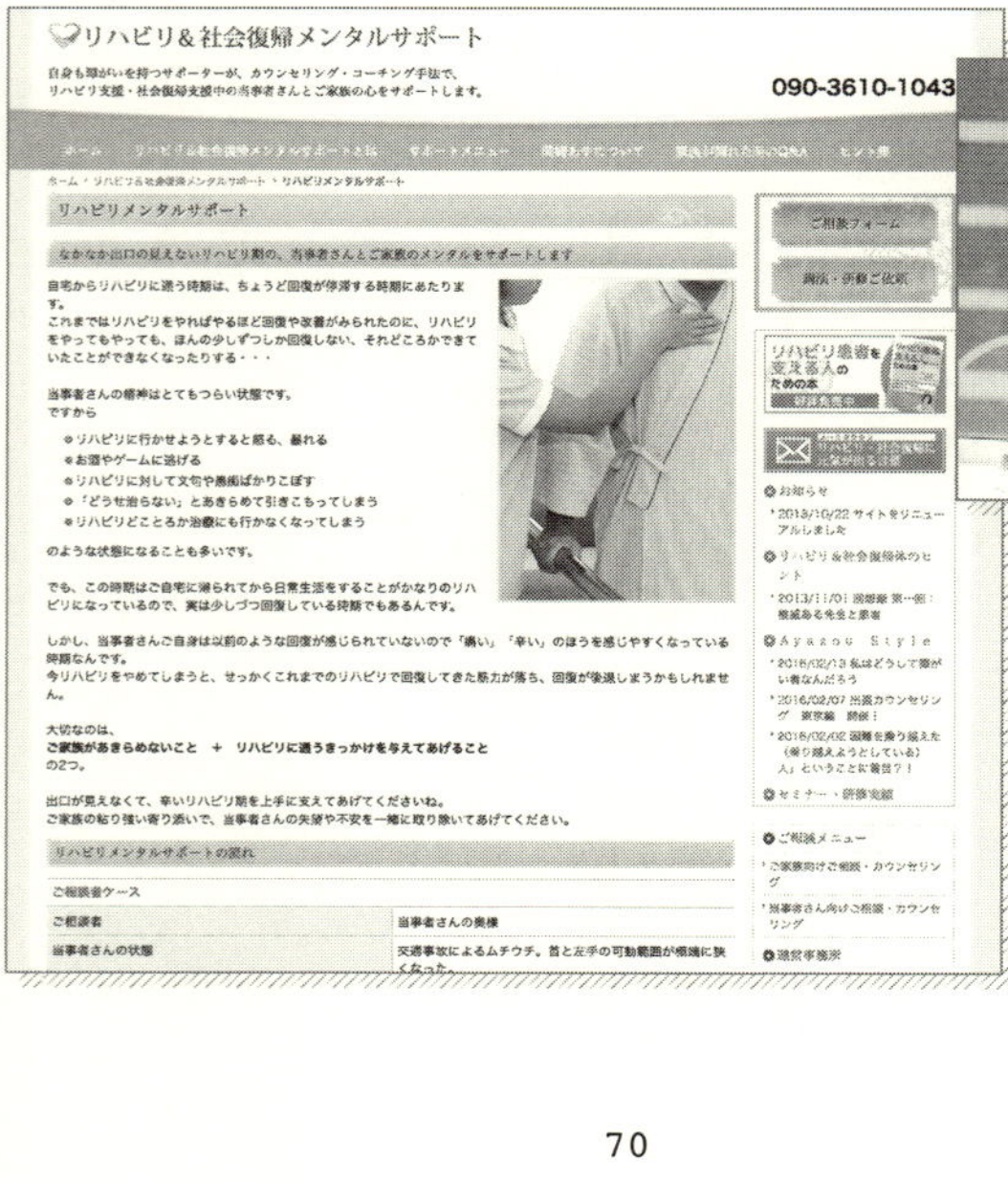

岡崎あやさん

【インタビュー：オンリーワンメニュー「リハビリメンタルサポート」ができるまで】

岡崎あやさん

「リハビリメンタルサポート」というメニュー・アイデアはどのようにして生まれたのですか？

私自身、「寝たきりか、よくて車椅子」という障がいを負ってしまったとき、リハビリをがんばってもがんばっても成果が出ない時期がありました。成果が出ないので、リハビリをあきらめて引きこもり、リハビリを中断してしまったんです。

今考えれば、そのときにリハビリを放棄することは、とってももったいないことだったということがわかります。だって、それまでがんばってきたリハビリの成果が、かなり戻ってしまいましたから。

でも、当時の私には相談できる人が誰もいませんでした。自分の気持ちをわかってくれる誰かに話を聞いてもらえたら……そんな思いがありました。きっと今、障がいをもってリハビリを行なっている当事者の方や、ご家族も同じなんじゃないかと思います。

今の私なら、傷ついた当事者の方やご家族の気持ちに寄り添える心理カウンセリングができるし、障がい者の方ご自身が目標をもって生きていくための、コーチング的なサポートも行なえます。

だから、このサポートをメニューとして出していこうと思いました。

「リハビリメンタルサポート」のアイデアを実体化するときに、どんな工夫をしましたか？

リハビリを行なっていると、どんどん成果が出てがんばれる時期と、がんばっているのにぜんぜん成果が出なくてしんどい時期があるのです。

しんどい時期になると当然、「痛い」「つらい」ことばかりを感じてしまいます。

でも、リハビリを中断したら、それまでのリハビリで回復してきた筋力が落ち、回復が後退してしまうかもしれないのです。ですから大切なのは、「ご家族があきらめないこと」と「リハビリに通うきっかけを与えてあげること」だと考えました。

この基本的な考え方を説明したうえで、実際のケースを例に出して、サポートの進め方を具体的に説明するようにしました。

「リハビリメンタルサポート」の効果や反響は？

このメニューを知ってもらうことで、「こんな人がいるんだ」「こんなときはこうしていたんだ」「心を閉ざすことがあっても、おかしいことじゃないんだ」と思ってもらえるだけで、十分役目をはたしている内容になったと思います。

メニューづくりに合わせて、私の体験をホームページで詳細まで公開したことで、クライアントの方が事前に私のことを知ってサポートをお申込みくださるようになりました。そして、「話には聞いていたけど、こんなに大変な思いをしていたとは……。がんばれそうな気がしてきました」というお声をいただくようになりました。

クライアントの方がほしい情報を質問しやすくなったので、サポートの時間を効率的に使えるようになったと思います。

3章

オンリーワンメニュー・アイデアの企画づくり7ステップ

今日からナナさんのオンリーワンメニューづくりのサポートが始まる。事前にお渡ししている「宿題」はできただろうか。僕は少し心配な気持ちでナナさんがくるのを待っていた。しばらくして、約束の時間の少し前にナナさんがやってきた。最初に相談にきたときと比べて表情が明るい。動きも心なしかキビキビしていて、活力を感じる。前回は下ろしていた髪をアップにしているので、よりいっそう快活な印象になっている。

ナナさんは開口一番、

「宿題の『下ごしらえドリル』スゴイですね！　私、何度も挫折しそうになりました」

と朗らかに言った。挫折しそうというネガティブな言葉とは反対に笑顔だ。

「今まで考えてこなかったことを、このドリルでいっぱい考えました。このドリルをいただいただけで、サポートの価値、十分あると思います！」

やれやれ、オンリーワンメニューづくりはこれからなのに……。僕は苦笑しながら、ナナさんを席に案内した。ナナさんは僕の苦笑に気づかないまま話し続ける。

「私、今の自分に足りないものが見えたんです。このドリルをやって。それで来月から新しい技術を習いに行こうかと思うんですけど、どう思いますか？」

僕が返答する間を与えないまま、ナナさんは少し前方の宙を見つめ、夢見るような顔になっている。

「その技術すごいんです。たまたまネットで見つけて、来月から講座が始まるって知って、急いで申し込んだんですけど、満員だったんです。でも、急にキャンセルが出たって連絡がきたんです！　これって運命！　と思いません？」

うーん、これはマズイ……。できるだけナナさんのやる気を削がないよう、僕はわざとらしくナナさんのテンションに合わせるように答える。

「それはラッキーですね！」

それから少しトーンを落として、提案するような口調で言った。

「新しい技術を習得するのはいいことです。でも、まず今のナナさんがもっているものから考えませんか？　今のナナさんに〝ある〟ものでも十分、オンリーワンのメニューをつくることができると思うんです」

一瞬、気まずい沈黙が部屋に充満する。

「私、またやっちゃいましたねぇ……」

ナナさんは、イタズラが見つかったときの子供のような顔で言う。しかし、その表情には前回のような陰はない。

「あ～あ！　前回ご相談にきたとき、自分にとって、アロマナナにとって大切なことを思い出したはずなのに……。また外側に答えを探してしまいました」

「いえいえ、新しい技術を習得するのはいいことですよ」

「ええ。でも今は、今の私にあるもので、私だけのメニューをつくるんですよね。わかっていたんですけど……」

僕のフォローをさえぎるように、ナナさんは小さく言った。

「ナナさんは真面目ですからね。きっと今の自分を掘り下げているうちに、お客様に喜んでいただくために習得したい技術が見えたんでしょうね。ま、技術を習いに行くか行かないか、やってきていただいたドリルを拝見しながら、一緒に考えましょうよ」

僕は少し強引に、ナナさんを元気づけるように明るい声を出した。

「はい！　よろしくお願いします！」

よかった、ナナさんはそれほど落ち込んでいないようだ。
ナナさんは宿題の『下ごしらえドリル』を机に置き、僕に見えるように広げた。

＊＊＊

本章では、サロンのコンセプトを明確にし、オンリーワンメニューの「アイデア」を企画する方法を7つのステップで具体的に解説します。

ナナさんのオンリーワンメニュー・アイデアの企画づくり物語と、そのあとの解説を読みながら、ご自身のサロンのオンリーワンメニューのアイデアを企画してみてくださいね。

※オンリーワンメニューの商品アイデア企画づくりに使用している『下ごしらえドリル』は、[http：//riumsmile.Jp/webform_18.html]から無料でダウンロードできます。ぜひ、ご自身のサロンのオンリーワンメニュー・アイデアの企画づくりにご活用ください。

3-1 ［ステップ❶］理念・使命である「何のために」を明確にする

ナナさんと僕の間には、宿題の『下ごしらえドリル』がある。開かれたページには、ナナさん自らの文字が書き込まれている。

「がんばって書いていただいているじゃないですか！」

僕はうれしさを込めて言った。実は、ナナさんにはこのドリルが書けないのではないかと心配していたのだ。

「一応、書くだけ書きました。何とか埋めてみました、という感じですけど」

「バッチリです！　では一緒に見ていきましょう。

まずは、『あなたのお店が世の中に必要な理由』ですが、『誰にも言えない悩みなどを相談できる、ほっとできる、自分に戻れる場所だから』とありますね」

「ええ、アロマナナが必要とされるところを考えたときに、思い浮かんだのが、女性が安心できる場所かな、と。家にいても職場でも、女性って落ち着けないし、悩みを話せるわけ

理念・使命「なんのためにお店を経営している?」

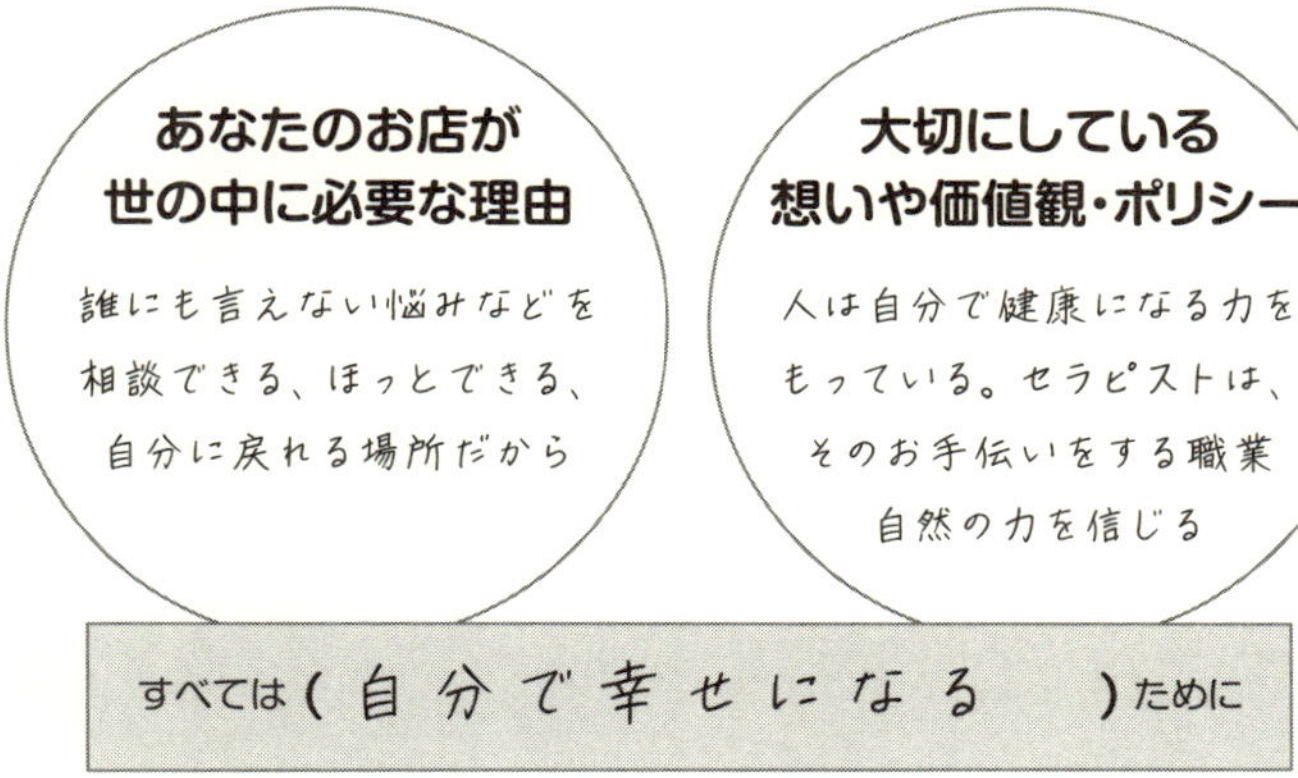
あなたのお店が
世の中に必要な理由
誰にも言えない悩みなどを
相談できる、ほっとできる、
自分に戻れる場所だから
大切にしている
想いや価値観・ポリシー
人は自分で健康になる力を
もっている。セラピストは、
そのお手伝いをする職業
自然の力を信じる
すべては（自分で幸せになる　）ために

じゃないので。

　サロンという密室で、アロマの香りに包まれて、セラピストから身体をタッチされていると、心も解放されていろいろなことが話せるんですね。そして、自分に戻る……というか。何言っているのか、わからないですよね」

　ナナさんは自分で説明しながら、すこし混乱してしまったようだ。

「いえいえ、わかりますよ。女性が心身ともに本当に解放される場所、という感じですよね。アロマトリートメントで身体が解放されると、心まで解放される……だから本当の自分に戻ることができる、というニュアンスですね」

「あ、そうそう!　そういう感じです」

「次に、『大切にしている想いや価値観・ポリシー』

ですが、『人は自分で健康になる力をもっている。セラピストは、そのお手伝いをする職業』って、深いですね～」

「ぜんぜんできていないのですが、自戒を込めて書きました。人が人を治す、なんてできないと私は思うんです。健康になることを止めているものを取り払う……というか」

「なるほど。それが前の項目の『自分に戻れる』ということですね。自分に戻ることができれば、あとはその人がもっている力が自分自身を健康にする、というわけか……」

僕は、ナナさんの考えをまとめながら、ひとりごとのようにつぶやいた。

「そんなイメージです。アロマや整体は、お客様が自分に戻るための道具なんです」

ナナさんは力強く答える。施術の話になると自信がみなぎっている。

「いいですね～。では、次。『すべては（自分で幸せになる）ために』。うんうん。お客様が自分に戻って、身体や心の不具合を自分で治して、自分で幸せになるのですね！　いやあ、いい理念じゃないですか！」

ナナさんは少し照れくさそうに笑いながら答える。

「そうですか？　こんなんじゃダメって怒られるかとドキドキしながらきたんですけど」

「ナナさん。サロンの使命にダメはないのです。サロンオーナーがサロンを経営する目的

＝サロンの理念、つまり使命ですから、誰にもダメ出しはできないのです。だから、どんなにエライ人でも、アロマナナの使命がダメだと言う権利はない。ただ……」

僕はナナさんに理解してもらえるよう、少し間をとった。ここは大事なところだからだ。

「自分にウソをつくこともできます。自分が本当に思ってもいない綺麗事を『サロンの使命』として定めることもできるんです。

でも、そんなウソの使命を達成しても、ナナさんは幸せになれない。だからサロンの使命は、自分の本心を言葉にしなければならないのです」

「そうですよね。私のサロンですものね。でも、言葉にするのって難しい」

「たしかに言葉にするのは難しいですよね。でも言葉にしないと、自分にもお客様にも伝わらない。もう少しナナさんの使命としてはっきりするように、もう一歩踏み込んで考えてみましょう」

僕はナナさんの使命が、もっと『本気の使命』になるよう、質問をする。

「『自分で幸せになる』というのは、誰のことですか」

「うーん、お客様、ですけど……とくに、ママにそうなってほしいですね」

「アロマナナでは、どうやって『自分に戻ってもらう』のですか」

「ポリシーのところにも書きましたけど、アロマナナが提供しているメニューは、すべて自然の力を利用したものです。機械や化学合成された薬剤を使うのではなく、手技や精油を通じて自分に戻ってもらう……という感じでしょうか」


「『幸せになる』の幸せとは、ママにとってはどんなことでしょうか」

「第一は健康でしょうね。あと、ママは女性ですから、キレイでいることは幸せの源でしょうね」

「なるほど。では、こう言い換えてもいいですか？『すべては、ママが自然の力で自分に戻って、健康でキレイになるために』」

「そうですそうです、その感じです！ちょっと待ってください、メモしますから」


ナナさんはうれしそうに、僕の言葉をメモしながら、何度も口に出している。

「すべては……ママが自然の力で……自分に戻って……健康でキレイになる……これ超いいです！しっくりきます！ありがとうございます！」

「いやいや、ぜんぶナナさんがご自身でおっしゃった言葉ですよ。もともと書かれていた使命につけ足しただけです。すごいのはナナさんなんですよ」
「ママが自然の力で自分に戻って、健康でキレイになる！……」
メモし終わった自分のサロンの使命をもう一度口に出して、ナナさんはにっこり笑った。

＊＊＊

サロンの理念・使命を決める意味

オンリーワンメニューとは、あなたが本当に喜ばせたいお客様の悩みを、あなたのサロンがもつ「違い」で解決する、あなただけのメニューです。オンリーワンメニューをつくることで、サロンは価格競争や宣伝競争から抜け出し、幸せな成功に歩み出すことができます。

そんなオンリーワンメニュー・アイデアの企画の出発点は、**理念＝サロンの使命を決めることです**。一見、サロンの使命を決めることは、メニューとは無関係に思えるかもしれません。

しかし考えてみてください。サロンの使命から外れたオンリーワンメニューが人気になって経済的に成功しても、あなたは幸せにはなれません。また、オンリーワンメニューがサロンの使命から導き出された、本当に喜ばせたいお客様のためのメニューになっていないと、あなたが望まないお客様の来店が増えてしまうことになります。これは不幸なことです。

サロンの理念・使命とは、あなたがサロンを経営する目的です。ですから、サロンの使命には「間違い」や「善悪」はありません。あなたが本当に望むこと、目指すことを自由に決めればよいのです。また、表現のしかたも自由です。自分がしっくりくる言葉を使って、自由な言い回しで言葉にしましょう。

言葉が出てこない場合は、ドリルにある、「すべては（　　）ために」の（　　）に言葉をあてはめることから始めてみてください。

「すべては（　　）ために」という言い回しにすることによって、サロンの使命が表現できます。この表現は大企業もキャッチコピーなどで多く採用していて、「すべてはお客さまの『うまい！』のために。（アサヒスーパードライ）」「Smile for All. =すべては、笑顔のために。（マルチャン・東洋水産）」などは、一度は耳にしたことがあるのではないでしょうか。さて、あなたのサロンの「すべては（　　）ために」には何が入るでしょうか？

サロンの使命のヒントを書き出してみよう

いきなりサロンの使命を書くのが難しい場合は、サロンオーナーであるあなたが大切にしていることを、次の2つの視点で書き出してみましょう。

◎あなたのお店が世の中に必要な理由

あなたのサロンは、なぜこの世の中に必要なのでしょうか。その理由を説明できるでしょうか。あってもなくてもいいサロンのために、お客様が時間とお金を使ってくださることはないでしょう。サロンオーナーであるあなたが、自分のサロンの存在意義をはっきり言葉にする必要があるのです。

ここで述べられる言葉に、あなたのサロンの使命のヒントがあるかもしれません。

◎大切にしている想いや価値観・ポリシー

サロンオーナーであるあなた個人は、どんな価値観やポリシーを大切にしているでしょうか。小さなサロンは、オーナー＝サロン。オーナーである、あなたの生き方がサロンの使命に色濃く影響するはずです。

サロンや経営から離れて、人間としての自分について考えてみましょう。

使命をより明確な言葉にするために

2つの切り口のヒントからサロンの使命が書けたら、その使命を何度か声に出して読んでみましょう。自分自身にしっくりくるでしょうか。お客様にわかりやすいでしょうか。

サロンの使命、究極の目標ですから、曖昧な表現になりがちです。自分にしっくりくればそれが一番なのですが、曖昧すぎる場合は、「誰に＋何をして＋どうなってほしいのか」という形式にあてはめてみましょう。

サロンの使命は、誰にも汚すことができない、あなたとあなたのサロンの宝物です。オンリーワンメニュー・アイデアの企画に役立てる以外に、自分のサロンの明確な方向性を支える基準として大切にしてくださいね。

summary

あなたのサロンの使命を明確にすることが、オンリーワンメニューの出発点。使命はあなたのサロンの宝物。自分に、お客様に伝わるように、きちんと言葉にしておくこと。

3-2 〔ステップ❷〕幸せなサロンの成功ビジョンを描く

『ママが自然の力で自分に戻って、健康でキレイになるために』……いいわぁ。アロマナナの使命、しっくりきます」

自分のサロンの使命が言葉になって、ナナさんは上機嫌だ。

「この使命から外れないように、オンリーワンメニューをつくるんですね。えっと次は……ビジョンですね」

「そうです。サロンの使命が決まって、ナナさんはハイテンションになっていますが、使命というのはちょっと曖昧なところがあるんです。サロンの究極の目標ですからね。だから、この使命をもっとイメージしやすいようにして実感したいのです。そのためにビジョンをつくるのです」

僕らは、『下ごしらえドリル』の、「成功ビジョン「5年後どうなっている？」」部分に目を移した。

「えーっと、アロマナナさんの5年後は……」

成功ビジョン「5年後どうなっている?」①

5年後・・・　年　月　日にはどんなお店が見えますか?		
どんな環境で? (場所やスタッフ)	誰に? (どんなお客様に)	どんなメニューを 提供している?
現在のサロン (自宅の一室)	疲れている人 何かスッキリしない人	アロマトリートメント 整体・心理カウンセリング 食の指導

僕は、ナナさんが書いてきた5年後のビジョンを読み上げた。

「うーん、何だか……」

読み終わった僕は、思わず声を出してしまった。

「えっ? これじゃダメですか?」

ナナさんは心配そうな声で答える。

「いや、ダメじゃないんですよ。でも、何というか……ワクワクしないなぁと」

「たしかに……」

ナナさんも納得顔だ。

ナナさんの上機嫌が失われないように、僕は言葉を選んで説明する。

「サロンの成功するビジョンですからね。もう少し欲張ってもいい気がします。

5年先にお店がどうなるかなんて、わからないじゃないですか。マイクロソフトやアップルなど、創業5年で考えられないくらい成長しましたからね。アロマナナもわかりませんよ」

「そうですね。ちょっとカタく考えすぎちゃったみたい」

よかった。ナナさんは落ち込んではいないようだ。

「じゃあ、『ママが自然の力で自分に戻って、健康でキレイなるために』を追求していくと、5年後にどんなサロンになっているか、もう一度、考えてみましょう」

僕はひと呼吸おいて続ける。

「まずは、『どんな環境で？』から。5年後ですよ、『現在のサロン』ではなくてもいいんじゃないですか？」

「たしかに今のサロン・スペースは自宅の一室で、ちょっと使い勝手が悪いんですよ。でも、子育てのこととかを考えると、自宅サロンがいいしなぁ……増築とか」

「たとえば、庭にサロン専用の離れを建てるのはどうですか？」

ナナさんの顔がパッと明るくなった。

「それいい！　友だちが庭にサロン専用の離れを建てているんですけど、そこがもうステキで。私もあれ、やりたい！　でもお金がかかりそう……無理かな？」

成功ビジョン「5年後どうなっている?」②

5年後・・・　年　月　日にはどんなお店が見えますか?		
どんな環境で? (場所やスタッフ)	誰に? (どんなお客様に)	どんなメニューを 提供している?
~~現在のサロン~~ ~~(自宅の一室)~~ 自宅の庭のサロン専用離れ 内装は白っぽい壁紙、 北欧の秘密の小屋ふう ハーブガーデンが見えて 小鳥のさえずりが聞こえる 非日常の空間	~~疲れている人~~ ~~何かスッキリしない人~~ 子育てに、仕事にがんばる ママさん がんばりすぎて、身体や 心が本当の自分じゃなく なっている人	~~アロマトリートメント~~ ~~整体・心理カウンセリング~~ ~~食の指導~~ 本当の自分に戻るための トリートメント ママのためのカウンセリング 親子のための食育セミナー ママ・アロマセラピスト の養成

「いやいや！　今は成功ビジョンを描く時間ですよ。無理とかではなくて、やりたいかどうかを大切に。庭にサロン専用の離れを建てて、と」

僕はナナさんのネガティブを吹き飛ばすように、慌ててドリルに書き入れ、続きを促す。

「どんな離れですか？」

「えーっと、大きな窓があって、その前の庭はハーブガーデンになっている……。内装は白っぽいけど暖かな土壁で、北欧の秘密の小屋みたいな建物で……」

数分後、ナナさんが本当に実現したいビジョンができあがった。

「最初に私が書いたのと大違い！　これ、やりたい！　ワクワクする」

ナナさんは大げさに両手をあげて、明るい声で言った。

＊＊＊

オンリーワンメニューの出発点として、サロンの使命は大切です。しかし、使命は曖昧になりがちです。そこで、その使命を追求して進んだときの具体的な姿＝ビジョンを描くのです。ビジョンを描くことで、自分のサロンが成功した姿がイメージできるようになります。サロンの成功イメージがあれば、企画したオンリーワンメニューが、本当にあなたのサロンに必要なことがわかります。また、現在のサロンの姿とビジョンを比較することで、足りないものが自ずと見え、やらなければならないことも明確になります。

イチローや本田圭佑の卒業文集に見るビジョンの力

単なるイメージトレーニングとあなどれないのが、ビジョンの力です。

野球のイチロー選手やサッカーの本田圭佑さんの卒業文集を読んだことがある人もいるでしょう。小学校卒業時というまだ幼い時期に、これほどまでに自分の将来をイメージしていたのか、と驚きます。彼らは、自分の成功イメージが具体的だったからこそ、そこに至るためにやらなければならないことがわかり、やるべきことを愚直に実践したのでしょう。

それはサロン経営も同じです。「5年後にどのようなサロンになるのか」を明確にイメージして、そうなるために**今何が足りないか、どうすれば一歩でも近づけるか**、を繰り返すことでしか、使命を達成した幸せなサロンになることはできないのです。

サロンの成功ビジョンを考えるときの3つの切り口

まったく何の手がかりもなしにビジョンを描くのが難しい場合は、次の3つの切り口で、理念を追求した未来の姿を描いてみましょう。

◎どんな環境で？

使命を追求した結果、5年後のサロンはどんな場所になっているでしょうか。サロンの立地や家具や内装の感じ、明るさや風、香りや音……。未来のサロンを感じられるくらい具体的にイメージしてみましょう。また、スタッフが増えている場合は、どれくらいの人数で、どのような雰囲気でサロンが経営されているのか、を思い浮かべてみましょう。

◎誰に？

5年後のサロンには、どんなお客様がきてくださっているでしょうか。

サロンの力が最大に発揮でき、喜んでいただくとこちらも幸せになる、そんなお客様のご予約がいっぱいになっている状況を思い浮かべてみましょう。

◎どんなメニューを提供している？

提供しているメニューは、現在よりも進化しているでしょう。では、どんなメニューになっているでしょうか。またセミナーや養成講座など、現在は提供していないメニューも提供できるようになっているかもしれませんね。

このように3つの切り口でビジョンを描いていくと、どんどんとイメージが湧いてくるはず。コツは楽しいビジョンを描くことです。5年後を想像するのはタダ。思いっきりワクワクする、サロンの成功ビジョンを描きましょう。

summary

使命を追求した姿である、ワクワクするサロンの成功ビジョンを描こう。
ビジョンは理想と現実のギャップを教えてくれる、
これからのサロンの道しるべになる。

3-3 ［ステップ❸］本当に喜ばせたいお客様を一人に絞る

アロマナナの成功ビジョンが決まって、ナナさんは陽気になっていたが、『下ごしらえドリル』の「ペルソナさん」に話題が移ると、急にそわそわし始めた。

「次の『ペルソナさん』ですが、これよくわからなくてぜんぜん書けなかったんです。そもそも『ペルソナさん』と言われても何がなんだか……」

「難しかったですか。『ペルソナさん』というのは、まあ理想のお客様、というような意味にとらえてもらえればいいでしょう。ペルソナさんを決めたら、今後はこのペルソナさんに、サロン経営のことをすべてたずねるようにするのです」

僕は、適当な例を考えながら、ナナさんに説明した。

「たとえば、『チラシの色はどうしよう?』となったときも、『ペルソナさんならどちらが好みかな?』とたずねます。自分の好みや思い込みで集客を行なわない。『お客様目線』に立ったサロン経営には、ペルソナさんが必要なんですよね。だから……」

ペルソナさん「来てほしい理想のお客様はどんな人?」①

名前	プロフィール ● 性別　女性 ● 年齢　20代後半〜50代前半 ● 家族構成 ● 職業　主婦 ● 住所　近畿 ● 家の形態 ● その他
イラスト	
ペルソナさんのポリシーは?	何を見ている?　どこにいる? スマホとか見てる スーパーにいる

「ナナさんが書いた『20代後半～50代前半の女性』みたいなペルソナさんじゃダメなんですよ。一人じゃないと！」

ひと呼吸おいて、言葉がきつい調子にならないように気をつけながら、僕は核心をついた。

「ええーっ、一人？」

ナナさんはびっくりして声をあげる。お客様を一人に絞ることなど考えたこともなかったようだ。

「そう。一人じゃないと、その人の目線に立てないでしょう？『20代後半～50代前半の女性』の目線ってどんなものですか？　そんな目線になんて立てないでしょう？

ペルソナさんを決めていないサロンは、お

客様目線に立つことが絶対にできないんですよ」

「でも、さすがに一人に絞るのは……」

ナナさんは納得できないでいるようだ。お客様を絞るのは怖い。その気持も痛いほどわかるので、できるだけ優しい言葉で続ける。

「ええ。もちろん、実際には様々なお客様がサロンにお越しになりますから、一人に絞るのは難しいかもしれません。

では、こう考えてみてくれませんか。これからお客様という的に向かって情報発信というボールを投げて集客を行なうとします。でも、的のど真ん中がわかっていないと、正確に狙えませんよね。だから、ちょっと強引にでも的のど真ん中を決めるのです。

ペルソナさんは、その的のど真ん中ですから、ペルソナさん以外のお客様がこられても、『あなたはウチのお客様じゃないからお帰りください』と追い払う必要はありません」

ナナさんは少し笑った。どうやら僕の話が理解できたようだ。

「では、本当に幸せにしたいお客様を一人に絞ってみましょう!」

僕はナナさんにどんどん質問する。

ペルソナさん「来てほしい理想のお客様はどんな人?」②

名前	プロフィール
陽子さん	● 性別　女性 ● 年齢　~~20代後半〜50代前半~~ 33歳 ● 家族構成　ご主人36歳　長女3歳 ● 職業　~~主婦~~ 看護師のパート（准看） ● 住所　~~近畿~~ ○○市○○台1丁目 ● 家の形態　駅前の分譲マンション ● その他　いずれ正職員として 職場復帰を考えているが、 2人目もほしいし迷っている
イラスト	
ペルソナさんのポリシーは?	**何を見ている?　どこにいる?**
できるだけ自然素材の料理をしたい 子供がアトピー気味なので、自然療法についてもっと知りたい	~~スマホとか見てる~~ ~~スーパーにいる~~ ○○市の広報　地域のママ向けフリーペーパー「○○ママたん」／○○台のおしゃれカフェ／地域の催しもの／子どもセンター／ヘルシー料理

「まず、性別は女性と。年齢は20代・30代・40代・50代のなかでは、どの年代ですか?」

「えーと、30代かな?」

「では、30歳と39歳ではどちらですか?」

「ええ?　うーん、30歳かなあ」

「30歳と35歳では?」

「うーん、35歳」

「では34歳?　35歳?　36歳?」

「……33歳かな?」

この調子で僕たちは、すべての項目をどんどん記入していった。

「結構はっきりしてきましたね、私のペルソナさん」

ナナさんは僕の質問の嵐にぐったりしながらも、うれしそうだ。

「じゃあ名前を決めましょう。この方、何てお名前ですか？」

「名前かぁ～、では『陽子さん』で」

「おっ？　迷うかと思ったのですが、即答でしたね」

「このペルソナさんを考えているときに思い浮かんできたのが、実際にお越しいただいているお客様の『陽子さん』なんです」

ナナさんは陽子さんのことを頭に浮かべているように、右斜め上を見ている。


「なるほど。あとは絵を描けば完成だ！」

「ええー！　私、絵、ヘタくそなんですけど……」

「いいからいいから！　陽子さんへの愛を込めて描けば、ヘタくそでもOKですよ」

ナナさんは、ドリルの空白部分に絵を描き始めた。

数分後に完成した『陽子さん』の絵は、たしかにナナさん自身の言葉どおり、あまり上手とは言えなかった。

＊＊＊

サロンの使命を決め、幸せな成功ビジョンを描くことができれば、オンリーワンメニューを提供して喜んでいただきたいお客様が、どんな方なのかが見えてくるはずです。

ここで注意しなければならないのが、現在、サロンにお越しいただいているお客様をベースに考えない、ということ。あくまでも使命とビジョンから導き出された、**理想のお客様、本当に喜ばせたいお客様像**を描きましょう。

今取り組んでいるのは、現在うまくいくためのオンリーワンメニューづくりではなく、「幸せなサロンとして成功する」ためのオンリーワンメニューづくりです。大成功してペルソナさんのようなお客様があふれたときに、幸せを感じるかどうかが大切なのです。

もちろん、使命と成功ビジョンから導き出されたペルソナさんの像が、現在のお客様の姿と重なるのはかまいません。

ペルソナさんを描く

本当に喜ばせたいお客様、サロンのお客様の「ど真ん中」を一人にしぼってみましょう。

ペルソナさんがスッと思い浮かばないときは、以下の質問に答えるように考えると、徐々に像が描けるようになります。

◎**プロフィール**

［性別は？］

男女どちらかに決めます。

［年齢は？］

「40代」等の年代ではなく、33歳のように、年齢の幅をもたせずに決めてしまいましょう。

［家族構成は？］

結婚しているか？　子供はいるか？　などを考えて、家族構成と年齢を書きましょう。

［職業は？］

主婦？　パート？　派遣？　正社員？……職業によってペルソナさんの生活スタイルや使えるお金は変わります。「地元の工場の事務員のパート」等、具体的にイメージするといいでしょう。

［住所は？］

具体的な市区町村名まで書きましょう。住んでいる街からも、その方の個性がうかがい知れるものです。

［家の形態は？］

賃貸なのか、分譲マンションなのか、戸建てなのか……ペルソナさんの生活をイメージするために、家がどのような形態なのかを決めます。
[その他、特徴などは?]
その他、ペルソナさんの特殊な状況や趣味などが思い浮かべばメモしておきましょう。
「姑さんと仲よし」「子供がアトピーで悩んでいる」「今度マラソンにチャレンジする」など。

◎何を見ている?　どこにいる?

ペルソナさんの情報源を想像します。どんな雑誌を読んでいるか、どんな本を読んでいるかなどでタイプがわかるものです。地域情報誌などのメディアもチェックしましょう。

また、ペルソナさんはどこにいるのでしょうか?　ショッピングならどこへ行く?　習いごとは?　趣味は?　友だちと集まるのはどこ?　などについて考えてみてください。

◎ペルソナさんのポリシーは?

ペルソナさんはどんな人でしょうか、どんなポリシーをもっているでしょうか。

大切にしていることなどを書き出してみましょう。ペルソナさんのポリシーがはっきりすると、ペルソナさんの行動も見えてきます。

◎名前は?

描いたペルソナさんには名前をつけましょう。今後、ペルソナさんはこの名前で呼び、実在する人物であるかのように扱います。

◎どんな顔?

ペルソナさんをイメージできるようにイラストを描いてみましょう。絵はヘタでも大丈夫です!

「本当に喜ばせたいお客様像=ペルソナさん」の姿が明確になれば、お客様目線に立ったサロン経営ができるようになります。

summary

本当に喜ばせたいお客様を一人に絞った「像」が、ペルソナさん。ペルソナさんにたずねることで、サロンはお客様目線に立つことができる。

3-4 【ステップ❹】専門家としてお客様の悩みを想定する

「うーん。お客様を一人に絞るのって、少し抵抗がありましたけど、ペルソナさんの『陽子さん』像がはっきりすると、なんだかうれしいですね。これからアロマナナのことは、陽子さんにおうかがいを立てる、ってことですよね！」

ドリルのペルソナさんの項目をまじまじと見つめながら、ナナさんは元気よく言った。

「そのとおりです。陽子さんにおうかがいを立てれば、お客様目線でアロマナナのことを発信できます。たぶん情報発信は相当ラクになると思います」

ペルソナさんを明確にすることの効果は、オンリーワンメニューづくりだけにとどまらない。陽子さんは、きっとこれから何度もアロマナナを助けてくれるだろう。

お客様を一人に絞り込むことを渋っていたナナさんが、ペルソナさんを設定することの意義を理解してくれたことがうれしくて、僕は上機嫌で続ける。

「ペルソナさんの陽子さんが明確になったところで、次は陽子さんの悩みを考えます。ア

陽子さん（ペルソナさん）の悩みベスト5

悩み/願望ベスト5
悩み/願望（1） 子育ての不安・イライラ・疲れ
悩み/願望（2） 嫁姑問題のストレス
悩み/願望（3） 産後体型が戻らない、スリムになりたい
悩み/願望（4） 2人目がほしいけど、なかなか授からない
悩み/願望（5） 産後、肌が荒れやすくなった

ロマナナが本当に喜ばせたいお客様である、陽子さんの悩みベスト5を考えて、ここに書けばいいのです。簡単です」

ナナさんは悩みベスト5に書き込もうとするが、陽子さんの悩みが出てこないようだ。

「あの、これ、私のサロンに関係のある悩みじゃないといけませんよね？」

顔を上げてナナさんが質問をする。

「いえいえ、いったんサロンから離れましょうか。陽子さんの日々の生活のなかでの悩みベスト5でいいです」

「じゃあ、陽子さんは近くの小さな病院で看護師のパートをしながら、3歳の娘さんを育てているから……」

『下ごしらえドリル』のページを見ては戻

しながらナナさんは考える。

「一番の悩みは、娘さん。『言うことを聞いてくれない』『ちゃんと子育てできているか』『忙しいときにわがままを言われてイライラする』……それが原因で疲れてしまう……」

「では、『子育ての不安・イライラ・疲れ』としておきましょうか」

「なるほど。そんな感じでまとめていけばいいんですね。では、次は……近くに住んでいる姑さんとちょっと関係が微妙で、ストレスがあるみたいな。でも、アロマとはぜんぜん関係ないですね」

「ありそう！　それも書いておきましょう。『嫁姑問題のストレス』としておきましょう」

「うーん、アロマサロンが解決する悩みっぽくないですね」

しばらくして、すべての項目が埋まった。

「勉強になりますね！　これまでお客様が何について悩んでいるかなんて、ちゃんと考えたことなかったです」

ナナさんは神妙な顔で言った。

「そうですね、なかなか機会がないと考えませんものね。でも、いい感じの悩みが出たんじゃないでしょうか。これらの悩みを解決してあげられると、陽子さんは大喜びですよね！」

オンリーワンメニューはペルソナさんの心に響く、ペルソナさんに選ばれるメニュー。ということは、オンリーワンメニューはペルソナさんの悩みを解決するものでなくてはなりません。

悩みの解決という切り口でメニューをアピールすることで、メニューをペルソナさんの「自分ごと」にするのです。たとえば、ホームページにペルソナさんの悩みを解決するオンリーワンメニューが並んでいれば、ペルソナさんがホームページを見たときには、「あっ、このメニュー、今の私に必要だ！」と考えるはずです（反対に、ペルソナさんからかけ離れている人は、ホームページを見ても無反応になりますが）。

ですから、本当に喜ばせたいお客様＝ペルソナさんの悩みを想定することは、オンリーワンメニューのアイデアのベースと言えるでしょう。今までの経験と専門家としての知識、直感をフル稼働させて考えたいところです。

***

専門家として悩みを想定しよう

ペルソナさんの悩みを想定する際に、「お客様に悩みを直接聞けばいいんじゃないか？」

と思うかもしれません。

たしかに、お客様から直接、話をうかがったり、アンケートに答えていただくことは有用な情報源になります。しかし、お客様自身が自分の悩みを明確に把握しているかあやしいですし、また本当の悩みは簡単には答えてはくれないものです。

お客様から得た情報は参考程度にして、専門知識・専門技術をもったセラピストとしてペルソナさんを分析し、その結果として浮かび上がってきた悩みを想定するようにしましょう。

お客様が自覚できる悩みを

悩みを想定するうえで大切なのが、ペルソナさん自身が自覚できる悩みである、ということです。「自律神経の乱れ」や「幼いころの母親との確執によるトラウマ」などは、ペルソナさんを悩ませていることの原因かもしれませんが、ペルソナさん自身はそのことを自覚できていないでしょう。自覚できないと、ペルソナさんは自分ごとだとは思いません。

専門家として根本的な原因を想定した場合は、「自律神経の乱れ」→「ふとんに入ってもなかなか寝つけない」、「幼いころの母親との確執によるトラウマ」→「ついつい子供を怒りすぎて自己嫌悪に陥る」のように、**ペルソナさんが自覚している症状や感覚、感情レベルに具体化**して表現しましょう。そうすれば、ペルソナさんに響くオンリーワンメニューがつくれるはずです。

悩みを想定する3つの切り口

ペルソナさんの悩みを想定するときは、どうしても自分のサロンの得意分野（ボディケアサロンなら身体の悩み、メンタルケアサロンなら心の悩み）に偏ってしまうものです。

そんなときは、以下の3つの切り口でペルソナさんの悩みを想定して、ペルソナさんの悩みに向き合ってみてください。

思いもよらないオンリーワンメニューを生み出すヒントを思いつくかもしれません。

◎身体の悩み・願望

まず、「夜、寝つけない」「顔がほてる」「肩がこる」「ウエストを細くしたい」「肌のハリがほしい」などのペルソナさんが身体的に感じている自覚できる悩みや願望です。自覚できる症状や言われて気づくことができる程度に顕在化している悩みを考えてみましょう。

◎お金や将来の悩み・願望

「この先どうしていいのかわからない」「お金のことが不安」「これから仕事をどうしてい

こう」「漠然とした不安が常にある」「もっと輝きたい」のような、お金や将来に対する悩みを考えます。

お金や将来についての悩みは、その性質上、少し漠然としてしまうのはしようがないでしょう。「看護師としてのキャリアの不安」「30代女性の将来の悩み」など、ペルソナさんの職業や状況などで具体化してみるのもひとつの方法です。

◎人間関係の悩み・願望

「子供とうまくいかない」「姑と仲が悪い」「夫とギクシャクしている」「職場の人間関係がつらい」「ママ友の関係で悩んでいる」などの、ペルソナさんの人間関係の悩みを考えてみましょう。

ペルソナさんの生活を想像して、どのような人間関係があるのかを導き出すのがコツです。

summary

オンリーワンメニューの土台となるのが、ペルソナさんの悩み。ペルソナさんが自覚できる悩みを、セラピストという専門家の立場で想定しよう。

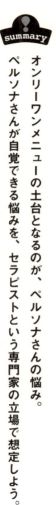

3-5 ［ステップ❺］サロンの強みを棚おろしする

陽子さんのイラストのできはともかく、ペルソナさん像がはっきりし、悩みも想定できた。

次に取り組むのは「サロンの強みの棚おろし」だ。

ナナさんはなぜか姿勢を正して椅子に座り直し、少し改まった口調でたずねてきた。

「あの、これお聞きしたかったんですけど、ここで言う『強み』って何でしょう?」

『下ごしらえドリル』の「現在のお店の強み」の項目を書こうとして、行き詰まってしまったらしい。そもそも強みって何なのかを考えてしまって、書き進めなかったと言うのだ。

「『強み』とは、簡単です。自分のサロンの『強いところ』です」

期待していた答えと違ったのか、ナナさんすこし怒ったような口調で返す。

「それはわかっています! じゃあ、その『強いところ』って何なんですか!」

「『強み』ですよ、『強いところ』。つまりライバルのサロンよりも強いところです。

でも、自分が強いと思っているだけでは、強みではありません。みんながやっていること

現在のお店の強み「ライバルよりも優れているところは?」

<table>
<tr><td>提供サービスの強み

精油の知識
丁寧なトリートメント施術</td><td rowspan="3">現在提供できるメニュー・サービス

アロマトリートメント
ボディ・フェイシャル</td></tr>
<tr><td>提供する人の強み

アロマ歴12年！
セラピストとして施術
1000名以上</td></tr>
<tr><td>提供方法の強み</td></tr>
</table>

は強みではない。ライバルより強いから強みなんです」

僕はナナさんが記入した『下ごしらえドリル』の「現在のお店の強み」欄を読み上げた。

「これは、どのサロンでもやっていることばかりですよね？　だから強みではありません」

わざと意地悪な口調で言ったあと、真面目な顔をつくり直して続ける。

「ここでは、ライバルに比べて強いところを考えたいのです。

たとえば、『提供サービスの強み』として『精油の知識、丁寧なトリートメント施術』と書いてありますが、これはアロマサロンならどこでも言いますよね。もちろん、普通のサロンよりナナさんのほうが精油の知識があり、丁寧なトリートメントを行なっている、という意味なのでしょうけど。

しかし、この書き方では伝わりません。たとえば『身体を36部位に分け、個別のアプローチを行なうトリートメント法』のように、他のアロマサロンよりも知識があるぞ！ 丁寧なトリートメントなんだぞ！ ということが伝わるように具体的に書いてほしいのです」

「なるほど。たしかに『豊富な知識』とか『丁寧なトリートメント』なんて、どの店でも言っていますね。でも、今言っていただいたような『36部位の』といった具体的な強みがないんです」

「具体的に言えないのは強みじゃない、ということです。ですが、具体的なものがなければ、つくればいいんですよ。

ナナさんが丁寧にアロマトリートメントをしていると言うのであれば、他のサロンとの違いが何かしらあるはずです。それを具体的な方法や数字などで表現するのです。

『背中の9つの筋肉に個別アプローチ』とか、『デコルテだけで40分以上』とか、『リンパの流れだけでなく、骨格の接続も考えた施術』のように、具体的に他のサロンとの違いがわかるような表現にすればいいんです」

それから僕たちは、ナナさんの「提供サービスの強み」「提供する人の強み」「提供方法の強み」について時間をかけて話し合った。しだいに抽象的だった強みが具体的になっていき、アロマナナ全体の現在の強みが浮かび上がってきた。

「そうか。強みって、このように表現しないと伝わらないんですね。私の店って普通のアロマサロンだと思っていましたけど、けっこう強みってあるものですね！」

ナナさんは、具体的な「強み」で埋められたドリルをうれしそうに眺めながら言った。

「誰もが強みをもっていますが、お客様に伝わるように表現していないのです。お客様に伝わるように努力することは『売り込み』ではなく、お客様への愛なんですよ！」

＊＊＊

強みを棚おろしする3つの切り口と現在のメニュー

オンリーワンメニューは、ペルソナさんの悩みを、サロンがもつ他にはない違い＝「強み」で解決するメニューです。しかし、ほとんどのサロンオーナーは自分のサロンの強みを単なる特徴くらいにしかとらえていません。

強みとは、他と比べて強いところ、です。ですから、同業のサロンならどこでも言っているようなことは強みではありません。強みを表現するには、**明らかに他のサロンよりも強い**

とわかるように具体的に表現しなければなりません。

自店の強みを漠然と考えてもなかなか思いつかないかもしれません。そんなときは次の3つの切り口で自分のサロンを棚おろししてみてください。

ライバルサロンよりも強い部分を、具体的に書き出しましょう。現在は具体的ではないが、すぐに具体化できそうな強みについては、アイデアを（　）でくくって書いておいて、早急に具体化しましょう。

また、現在提供することができるメニューも書き出して、自分のサロンがどんなことができるのかを棚おろししましょう。

◎提供サービスの強み

サロンが提供するサービス、つまりトリートメントやカウンセリングやセッションなどの強みです。「ライバルのサロンと比べてここが強いよ！」というところを考えます。ライバルのサロンと同じような表現にならないように注意しましょう。

[アロマサロン等の場合]

×「丁寧なアロマトリートメント」

◯「背中の9つの筋肉に個別アプローチする丁寧なアロマトリートメント」

［カウンセリングサロン等の場合］
×「心に寄り添うカウンセリング」
○「64のヒアリング項目に基づいた、お客様に寄り添うカウンセリング」

◎提供する人の強み

サービスを提供する人に関連する強みです。つまり、ライバルサロンのセラピストにはない経験や資格、特技などを具体的に考えます。

あまり難しく考えないで、自分の経験を振り返ってみましょう。

「3人の子育て経験がある」「シングルマザーで子供を育てた」「女性中間管理職として活躍」「アロマの国際資格がある」「10年以上瞑想を続けている」「2度の離婚経験がある」のような個人的なことでも、普通のセラピストにはない強みになります。

◎提供方法の強み

サロンが提供するサービスとは直接関係のない、「サービスを提供する方法」に関連する強みを考えます。サービスを提供する場所、つまりサロン空間や、サービス時のおもてなし、サービス後のアフターフォロー、営業時間や送迎サービスなど、サロンとして提供する技術サービス以外で、ライバルサロンがやっていない強みを棚おろししましょう。

＊現在提供できるメニュー・サービス

今現在、サロンが提供しているメニューやサービスだけでなく、今はやっていないけれど提供することのできるメニューやサービスについても書き出し、自分のサロンが何を提供できるのかを棚おろししておきましょう。

他のサロンにはない強みは、オンリーワンメニューを成立させる大切な要素。強みがなければつくるくらいの意気込みで、自分とサロンの棚おろしをして、明確に言葉で説明できるようにしておきましょう。

summary

「強み」とは、ライバルサロンと比べて強いところ。ここがライバルサロンよりも強い、とお客様に伝わるように具体化して表現しよう。

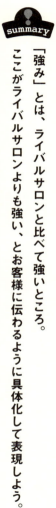

3-6 【ステップ❻】悩みの解決にサロンの強みを集中させる

「次は、いよいよオンリーワンメニュー・アイデアの企画ですね！」

『下ごしらえドリル』をめくりながら、ナナさんは元気よく言った。

ページには、「オンリーワン商品企画」とタイトルがあり、その下には書き込めるようになっている表がある。横列のタイトルには「ペルソナさんの悩み・願望」とある。行のタイトルには「提供できる自信のメニュー・サービス」「お店の強み」とある。

「わー、なんだか難しそう！」

ナナさんは他人事のように言った。これまでのドリルの形式と違うからか、ちょっと難しく感じるようだ。

「まずは『ペルソナさんの悩み』と『提供できる自信のメニュー・サービス』『お店の強み』を、先ほどの『ペルソナさん』と『現在のお店の強み』のところから転記しましょう」

ナナさんは、『下ごしらえドリル』の「ペルソナさん」「現在のお店の強み」のページを行きつ戻りつしながら、どんどんマス目を埋めていく。

オンリーワン商品企画「悩み×強みで商品化分析」①

		ペルソナさんの悩み・願望				
		子育ての不安・イライラ・疲れ	嫁姑問題のストレス	産後体型が戻らない、スリムになりたい	2人目がほしいけど、なかなか授からない	産後、肌が荒れやすくなった
提供できる自信のメニュー・サービス	アロマトリートメント ボディ					
	アロマトリートメント フェイシャル					
	整体					
	心理カウンセリング					
	食事指導					

お店の強み	**提供サービスの強み** ナナ式整体アプローチ アロマトリートメント	
	提供する人の強み 妊活の経験 商社OLとしての経験	
	提供方法の強み 朝8時から お子さま連れOK	

「できたー！」

ナナさんは顔を上げて、書き上がったドリルをぐるっと僕のほうに反転させた。

「おお早い！　では、さっそく『子育ての不安・イライラ・疲れ』という悩みを、書き出した強みで解決できないか考えてみましょう。

『子育ての不安・イライラ・疲れ』が悩みのお客様がお越しになったとしましょう。アロマトリートメントのボディではどうします？」

「うーん。不安でイライラしている方は身体が冷えていると思うので、交感神経優位な状態をしずめるアロマのフットバスに入って温まっていただいて……それから下半身からじっくりリンパを流して、骨盤の調整を入れて……あ、これは整体の欄に書くことですね」

ナナさんは、ペンを走らせる。「アロマトリートメントボディ」と「アロマトリートメントフェイシャル」、そして「整体」とどんどんできることを書いていく。

「次は心理カウンセリングですけど、ボディ、フェイシャル、整体でやることがいっぱい出てきたので、全部やっていると時間かかってしまいそうだから、飛ばしてもいいですか？」

「いえいえ、心理カウンセリングでできることも書きましょう。今は、『子育ての不安・イ

オンリーワン商品企画「悩み×強みで商品化分析」②

	子育ての不安・イライラ・疲れ
アロマトリートメント ボディ	フットバスで温浴／フットからリンパ流し／ヘッド
アロマトリートメント フェイシャル	デコルテ／フェイシャル
整体	下半身＝骨盤の調整＝姿勢の調整
心理カウンセリング	イライラの原因に気づく カラーボトルセッション
食事指導	イライラの原因に合った漢方茶を施術後に

ライラ・疲れ』が悩みのお客様に対して、アロマナナが提供できる可能性を書き出していると思ってください。

オンリーワンメニューを実体化するときに、時間なども考えて取捨選択すればOKです。今はアイデアの段階なので、できることを全部書き出しましょう！」

「なるほど。では心理カウンセリングでは……イライラの原因となっているご自身の心のさびしさや執着に気づいていくようにアプローチするかなあ……カラーボトルとか使うとライトな感覚で聞きやすいかな……」

「え？　カラーボトルを使った心理カウンセリングができるんですね。それ、強みのところに書いてないじゃないですか。じゃあ、それを書いて！」

数分後、「子育ての不安・イライラ・疲れ」の列が完成した。

「できたぁ～。ちょっと休憩したい！」

ナナさんはペンを放り出して、大げさに椅子の背もたれにもたれかかって両手を上げた。

「お疲れ様でした。でもあと4つありますよ。大丈夫！　要領がつかめれば案外早く考えられるものです。残りの列もやっちゃいましょう！」

＊＊＊

「オンリーワン商品企画」の表で行なっている「お客様の悩み」と「サロンの強み」を掛け合わせるという考え方は、実はサロンオーナーが普段から頭のなかで自然に行なっている考え方です。お客様が求めていることを、自分ができることで実現するというのは、商売の基本ですから。ただ、意識して「本当に喜ばせたいお客様」を絞り込み、その方の悩みを想定して、自分のサロンの強みと掛け合わせるところまでは考えていません。また、すべての可能性を掛け合わせることもしていません。

このような分析表を使って、紙上で目に見えるように全パターンを掛け合わせることで、頭のなかではもれていた、オンリーワンメニューのアイデアが発見できるのです。

お客様目線で考えるのが「オンリーワンメニュー」

オンリーワンメニューのアイデアを考えるとき、表は縦に考えます。つまり、**「悩みを強みで解決する」**という発想で進めるのです。決して、強みから出発して横方向に対応する悩みの解決を考えないことが重要です。

なぜなら、オンリーワンメニューとは、お客様の悩みを解決する強みの集合体だからです。

一般的なサロンでは、「アロマボディトリートメント」が、「イライラや不眠や肩こり、腰痛にいいですよ」とアピールします。

対してオンリーワンメニューは、「あなたの子育てのイライラ」に対して、「当サロンができることを詰め込んだメニューを用意していますよ」というアピールをするのです。

ですから、考え方は「縦」に！　お客様の悩みを解決するために、自分のサロンでは何ができるのかというお客様目線で考えましょう。

解決方法を考えるときの3つのヒント

◎悩みを抱えたお客様が来られた、と想像して考える

実際にその悩みを抱えたお客様がご来店されたときのことを想像して、自分のサロンの強みでは何ができるのかを考えてみましょう。

◎「できるが、やっていない」は工夫のチャンス

解決法を考えていて、「現在はできない、やっていないけれどできる可能性がある」という内容を思いつくことがあるでしょう。そこは、工夫すればペルソナさんの悩みをサロンの強みで解決できるポイントです。チャンスととらえて実現に向けて取り組んでみましょう。

◎解決法が浮かばないマスはパスしてOK、同じ内容でもOK

どうしても解決法が浮かばないマスも出てくると思います。そんなときはいったんパスして下のマスに進みましょう。他のマスで浮かんだ解決法がヒントになって、パスしていたマスが埋まることもありますからね。また、他のマスと同じ内容になってもかまいません。

summary

ペルソナさんの悩みを、自分のサロンの強みで解決する「交差点」の集合体が、オンリーワンメニューの商品企画。

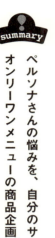

3-7 【ステップ⑦】自分がやりたいメニュー・アイデアを選ぶ

「オンリーワン商品企画」表の「子育ての不安・イライラ・疲れ」の列が完成したあと、僕たちは、「産後体型が戻らない、スリムになりたい」「2人目がほしいけど、なかなか授からない」「産後、肌が荒れやすくなった」というペルソナさんの悩みについて、アロマナナの強みで何ができるのかを順番に考えていった。

「ふーっ！　疲れたぁ。最後は、前に飛ばしていた『嫁姑問題』ですね」

「嫁姑問題のストレス」の列については、出だしからアイデアが思い浮かばなかったので、後回しにしていたのだ。

ナナさんは、「嫁姑問題のストレス」と「アロマトリートメントボディ」の交差したマスにペンの先を置くが、考え込んでも文字が進まない……。

「うーん、これ思いつかないのよねえ……。って言うか」

「何です？」

ナナさんは僕の顔色をうかがいながら、バツの悪そうな顔で言う。

「これ、何か気が進まないんです。私、姑さんと仲いいし。嫁姑問題！　みたいなのを大々的にサロンでうたうと、お姑さんがホームページ見たときに気を悪くしないか心配ですし」

「なるほど。じゃあ嫁姑問題はボツにしますか？」

僕のひと言が意外だったのか、ナナさんは言い訳のように答える。

「いえいえ、そんなんじゃないんです。ただ気が乗らないというか、他のメニューみたいにノリで解決策が浮かばないというか……でも、言い訳ですよね」

「いえいえ、オンリーワンメニューづくりには、その気持ちがとても大切なんですよ。気分が乗らないということは、何か引っかかっているわけでしょう。

そのままオンリーワンメニューがうまくいったら、モヤモヤを抱えたまま毎日を過ごすことになるでしょう」

「そうか、私が幸せになるための、オンリーワンメニューですもんね。でも、気まぐれで逃げていいのかしら」

「ナナさんは逃げていませんよ。選んだんですよ、幸せになる方向を。自分のサロンのことですから、自分で決めていいんですよ」

「気が乗らないことはやらなくていいんだ。私のサロンですもんね！」

ナナさんは勢いよく、「嫁姑問題のストレス」と書いてあるマスにバッテンを書き込んだ。

その後のやりとりで、「2人目がほしいけど、なかなか授からない」という悩みはメニューとして表現するのは法律の規制などから難しそう、ということになった。

最終的に、アロマナナのオンリーワンメニュー・アイデアは、

「子育ての不安・イライラ・疲れ」

「産後体型が戻らない、スリムになりたい」

「産後、肌が荒れやすくなった」

の3つ悩みを解決するものに決まった。


「この3つの解決メニューがサロンにあれば、陽子さんなら、どれかがぴったりくるわね！陽子さんは子育ての真っ最中だし、産後体型を気にしているし、お顔の肌荒れも気になるもの。陽子さんから選ばれるサロンに近づける気がします！」

ナナさんは完成した「オンリーワン商品企画」の表を眺めながら満足気に言う。

「アロマナナさんでは、きっとこれまでも同じ内容の施術を提供していたんですよ。でも、陽子さんがほしいものという切り口で、メニューを説明していなかっただけなのです」

僕の声はナナさんの耳には届いていないようだ。ナナさんは目の前のドリルから顔を上げずに考え込んでいる。

きっとオンリーワンメニューの具体的な内容が、どんどん湧いてきているのだろう。どんなオンリーワンメニューができあがるのか、僕も楽しみだ。

＊＊＊

小さなサロンに最適なオンリーワンメニューの数は2～5

「オンリーワン商品企画」の表で、悩みと強みの交差するマスが書き込めたら、オンリーワンメニューのアイデアの姿が見えてくると思います。すべてのメニュー・アイデアが出そろったら、最後にどのオンリーワンメニューを採用するのか、選択しましょう。

サロンの使命とビジョンから導き出された、本当に幸せにしたいお客様＝ペルソナさんが抱えている「悩み」に、自分のサロンの「強み」を集中させてオンリーワンメニューを考えるというプロセスをへているので、考え出されたオンリーワンメニューのアイデアのほとんどは、「しっくりくる」内容になっているでしょう。

ですがまれに、「何だかしっくりこない」「何だかイヤ」というようなアイデアが生まれることもあります。そんなときは無理せず、そのアイデアはボツにしましょう。

オンリーワンメニューは単に売れるメニューではなく、あなたのサロンを幸せに導くためのメニューです。**モヤモヤしたままオンリーワンメニューにしなくてもいい**のです。

もちろん、すべてのメニュー・アイデアを採用してもいいのですが、オンリーワンメニューは2つから5つくらいを採用するようにしましょう。

オンリーワンメニューがひとつだけだと選択の余地がなく、ある意味「賭け」になってしまいます。また5つ以上、オンリーワンメニューがあると、お客様を迷わせてしまいます。

オンリーワンメニュー・アイデアを選ぶときの3つの視点

「オンリーワン商品企画」の表上でオンリーワンメニュー・アイデアができあがったら、次の3つの視点でそれぞれのアイデアをチェックしてみましょう。

◎やりたいか？　ワクワクするか？

サロンオーナーであるあなたの感性は、オンリーワンメニュー・アイデアにどのように反応しているでしょうか。「何となくイヤ」「何かワクワクしない」といった感覚が大切です。

あなたがオーナーなのですから、あなたがやりたい、ワクワクするメニューを選びましょう。

◎現在実現できるか？

発想はいいが、今すぐには実現できないオンリーワンメニュー・アイデアが浮かぶこともあります。そのようなメニューはいったん保留にしておいて、アイデアを実現するために必要な行動を書き出し、スケジュールに入れてメニュー化できるようにしましょう。

◎お客様に受け入れられるか？

ペルソナさんの悩みから考えたオンリーワンメニュー・アイデアですが、出てきたものがあまりにも奇抜すぎると、アピールしづらいものになる場合もあります。そんなときも現状のサロンが採用するオンリーワンメニューの候補からは外しておきましょう。

summary

オンリーワンメニュー・アイデアが出そろったら、チェックして採用するものを選択する。やりたくないオンリーワンメニューが売れても、あなたは幸せになれない。

4章

オンリーワンメニューを実体化する「体」「金」「名」の3ステップ

「前回やった、オンリーワンメニューのアイデアを考えるのは、なかなか苦しかったです。でも、今はすごくワクワクしています。今日もよろしくお願いします！」

ナナさんは、席に着くなり笑顔で言った。

「はい！　よろしくお願いします！　今日は、前回考えたオンリーワンメニューのアイデアを実体化します。つまり、オンリーワンメニューを詳細まで考えて、完成させますよ！」

ナナさんのテンションに合わせるように、僕もテンション高く返す。

前回の面談で、ナナさんのオンリーワンメニューのアイデアが決まった。

本当に幸せにしたいお客様＝ペルソナナさんが抱えている悩みを、ナナさんというセラピストがもっている強みで解決できる、オンリーワンのメニューになりそうだ。

ここまでは、オンリーワンメニューのアイデアを、ただ考えていただけ。極端な言い方をすれば、オンリーワンメニューの妄想だ。

ここからオンリーワンメニューを実体化していく。何でもそうだが、妄想している間は楽しい。しかし妄想を現実にするには、産みの苦しみを伴うこともある。

「あれから私、いろいろ考えたんです」

生成りのトートバッグから、パンパンに膨らんだクリアファイルを引っ張り出しながら、ナナさんは続ける。クリアファイルには雑誌の切り抜きらしいものや、手書きのメモ、技術書のコピーのようなものが雑然とのぞいている。

「昨日、ほとんど徹夜でオンリーワンメニューの内容を考えてみました。

これは、『子育ての不安・イライラ・疲れ』の内容ですけど……。

子育てに疲れているママ向けのメニューですから、とにかくリラックスしてもらえるように、アロマを活用します。そして、筋肉もこわばって使えなくなっていることが疲れの原因なので、リンパを流して、骨盤を締めて……という感じの内容を考えました。

むかし習った、骨盤をギューっと矯正できるバンテージという包帯の親玉みたいなのも使えるなと思っています。

どうでしょう？　よく考えたつもりなんですが」

言い終わるとナナさんは自信満々の顔で、メモを僕に向かってぐいっと突き出した。

メモには、オンリーワンメニューの施術内容がびっしりと書き込まれている。

ペルソナさんの悩みを解決するために、ナナさんがもっている技術や強みが集結されている、という感じだ。

正直、ナナさんがここまで考えているとは思っていなかった。やはりセラピストは職人だ。専門分野で方向性が見えたら、ぐいぐいと突き進む。

「これは……素晴らしいですね！　ここまで内容が煮詰まっていれば、メニューの完成までもう少しです」

「わー！　ほめてもらったのってはじめてじゃありません？　私なりにがんばりました」

これまで幾度となくほめてきたつもりだが……。

ナナさんはメニュー内容が書かれたメモをめくりながら、うれしそうに笑ったかと思うと、メモの束をトントンとそろえて改めて僕の前に置き直し、真面目な顔になって言った。

「それで、私のオンリーワンメニューの完成には、あと何が必要なんですか？」

「メニューの施術内容については完璧だと思います。もっとも施術内容については、門外漢の僕がどうこう言えるものではありませんが。

オンリーワンメニューを実体化するには『体』『金』『名』、つまり施術内容を含む『内容』と『料金』、そして『メニュー名』の3つの要素を明確にしないといけないのです」

＊＊＊

本章では、オンリーワンメニューの内容である「体」、メニュー料金の「金」、メニューの商品名の「名」の３つの要素を明確にし、オンリーワンメニューのアイデアを実際にお客様に提示できるレベルに「実体化」する、ステップ８～10について解説します。

オンリーワンメニューが形になるまでもう少し。ナナさんと一緒にオンリーワンメニューを実体化させてくださいね。

4-1 [ステップ❽の1]メニューの「体」はAIDAで決める

僕は準備していた「オンリーワンメニュー作成シート」をナナさんの前に差し出した。

「では、このシートにオンリーワンメニューの『体』『金』『名』の3つの要素を書き込んで実体化していきましょう。

このシートは、サロンがホームページを作成するときの『原稿作成シート』の一部なんです。要は、ホームページでお客様にメニューを提示できるくらい具体化しましょう、ということです」

「またシート？　内容については、私が考えてきたもので十分なんでしょう？　これも書かなきゃダメですか？」

宿題を出された小学生のように、不満顔をつくってナナさんが答える。

「先ほども言いましたが、施術内容はバッチリだと思います。短期間によくここまで考えましたね。でも、ナナさんがつくったのは単なる施術内容で、まだメニューとしてお客様に提示できる内容にはなっていません」

「施術内容がバッチリ！　ならいいじゃないですか」

ナナさんは、不平を言い続ける。

「いやいや、施術内容がどんなによくても、お客様に響かなければ意味がないですから。突然ですが、ナナさんの前にイケメンが歩いてきて、いきなりナナさんの手を握って『結婚してください！』とプロポーズしたらどうしますか？　このプロポーズ、受けます？」

「え？　何ですか、いきなり。まあ、イケメンなら……って、ムリムリ！　知らない人からいきなりプロポーズされても受けませんよ！　仮に私が結婚していなくたって」

「でしょう？　どんなにイケメンでも、突然のプロポーズでは受けられませんよね。メニューの内容も、それと同じです」

「ぜんぜん、わからないんですけど？」

「このイケメンさん、実はすごく性格がよくて、優しくて、誠実で、頭もよくて、一流企業勤務、しかも次男。ナナさんがサロンをやることにも大賛成で、休みの日には得意のパソコンでチラシづくりなどを手伝ってくれる。そんな人だったらどうします？」

「めちゃくちゃいい条件ね……でも、いきなり手を握られたり、プロポーズされても……。

それに性格や頭のよさなんて、ちゃんとつき合わないと、本当のところはわかりません！」

「でしょう？　サロンのメニューも同じで、どんなに素晴らしいメニューでも、いきなり『買ってください』じゃダメなんです。きちんと段階を踏まないと」

「なるほど。メニューの施術内容が決まっただけでは、お客様にわかっていただくには不十分、ってことですね」

ナナさんも、だんだんわかってきたようだ。

「そういうことです。メニューをお客様に伝えるには、お客様への『アイダ』が必要なのです」

「お客様への『愛』じゃなくって、アイダ？」

「そう、エー・アイ・ディー・エーでアイダです」

＊＊＊

ＡＩＤＡ（アイダ）とは？

オンリーワンメニューの施術内容が完成しても、その内容がお客様の心の動きに沿うように説明できていなければ、お客様の心に響きません。

このお客様の購買時の心の動きをモデル化したのが、「消費者購買行動モデル」です。現在では様々な購買行動モデルが提唱されていますが、その元祖とも言えるのがＡＩＤＡです。

ＡＩＤＡは、お客様がモノを買うときには、
「Ａ　Attention ＝注意を引かれて」
「Ｉ　Interest ＝興味をもって」
「Ｄ　Desire ＝ほしくなって」
「Ａ　Action ＝（買うという）行動を起こす」

という心の動きがある、というモデルです。提唱されたのは1920年代ととても古いのですが、シンプルでわかりやすいうえに、消費者行動の根幹をついていることから、今でも色褪せず様々な分野で応用されています。

オンリーワンメニューの内容づくりにもこのＡＩＤＡを応用すると、よりお客様の心に寄り添ったメニューが作成できます。

テレビショッピングもＡＩＤＡを応用している

では具体的に、ＡＩＤＡの応用例を見てみましょう。

よく落ちる万能洗剤を、テレビショッピングで紹介している場面を想像してください。

いきなり、「よく落ちる万能洗剤です。8000円！　買ってください」と商品の売り込みが始まることはありません。実は次のようにＡＩＤＡに沿った商品説明が行なわれている

のです。

テレビショッピングのA＝注意

まずは、「家の外壁が汚れて気分が滅入る」「レンジフードが油汚れでベトベト」「お風呂のタイルの目地がカビで黒ずんでいる」のように、商品購入の対象者が困っていることの列挙からスタートします。対象者が直面している典型的な問題点をあげることで注意を引きます。

テレビショッピングのI＝興味

そして、列挙された問題の根本的な原因が断面図とともに説明されます。「こんな汚れが落ちにくいのは、ミクロの隙間に入り込んでいるので、上からこすっても届かないからなのです」のように。自分の知らなかった意外な原因により、興味が芽生えます。

テレビショッピングのD＝欲求

そして、やっと商品説明です。先ほど説明された根本原因を解決する機能がダイナミックに解説されます。「○○で開発された技術を応用した、△△ポリマーがミクロの隙間に入り込んで汚れをかき出してくれるのです！　だから、普通の洗剤では取れない汚れもピカピカ」。

この説明を聞くと、つい「ほしい！」と思ってしまいます。さらに説明を聞いたあとだと、８０００円という値段も安く感じてしまうのです。

テレビショッピングのＡ＝行動

そして最後に、電話番号が表示され、「返品可能である」「数量限定である」「特典の拭き取りモップがついてくる」など、「注文する」という行動の背中を押す情報がスピーディーに提示され、思わず電話をかけるという行動をとってしまうのです。

こう見ると、テレビショッピングでは面白いようにＡＩＤＡの流れに沿って商品説明が行なわれていることがわかります。このＡＩＤＡの流れを、サロンのオンリーワンメニューの内容づくりに応用することで、自然にお客様が買いたくなる内容を満たすことができるのです。

summary

オンリーワンメニューの内容は、
お客様の心の動きであるＡＩＤＡを満たすようにつくる。

4-2 ［ステップ❽の2］あるあるシーンで「注意」を引く

「では、さっそく『子育ての不安・イライラ・疲れ』というオンリーワンメニュー・アイデアのAIDAを考えていきましょう」

僕は、ナナさんの正面に置いた、「おすすめコース（オンリーワンメニュー作成シート）」の項目に沿って説明を始める。

「最初は、AIDAのA、Attentionです。ペルソナさんの注意を引くことですね」

「キャビンアテンダントさんの『アテンション・プリーズ！』ってやつですね」

ナナさんは真顔で合いの手を入れてくる。僕は吹き出しそうになるのをこらえて説明を続ける。

「注意を引きつける方法はいろいろあるのですが、オンリーワンメニューの内容としてお客様の注意を引きつける場合は、メニューが解決する悩みの『あるあるシーン』を列挙することがおすすめです」

「解決する悩みって、『子育ての不安』とか、『イライラ』『疲れ』ですよね。これじゃダメなんですか」

「いえいえ、このオンリーワンメニューが解決するのは、まさに子育ての不安やイライラ、疲れです。これらのもっと具体的なシーンを列挙するのです。それを見たお客様が、思わず『あるある！　これ私のことだ！』と思ってしまうように」

「たとえば、具体な『あるあるシーン』ってどんな感じですか？」

ナナさんは本当にわからない、という表情で聞いてくる。

「うーん、たとえば……子育てに不安でイライラしているのだから……『子供を大きな声で怒鳴ってしまって、あとで後悔する』とかかな」

「わかるわかる！　本当はいつも優しいお母さんでいたいのに、忙しくてイライラしていると、つい大きな声を出してしまうんですよね。そしてあとで自己嫌悪に陥る……」

「『自己嫌悪』って言葉、いいですね。それにしましょう。『子供を大きな声で怒鳴ってしまって自己嫌悪に……』。

単に『子育てのイライラ』と言うより、こうした具体的なシーンを伝えるほうが、『自分ごと』になるでしょう。これが注意を引きつけるということなんです」

「なるほど。たしかに引きつけられます。ペルソナさんじゃない私も引きつけられる……」

ナナさんは具体的な「あるあるシーン」をあげる効果に納得してくれたようだ。

「では、あと4つくらい、あるあるシーンをあげましょう。どんなシーンがあるでしょうか？」

「うーん、まずは『疲れているから何もしたくなくなる』かな。あとは『子育てに自信がなくなる』というママも多いですね。それに、時間かな？　いつも時間に追われて余裕がないですよね、子育て中のママって」

「すごい！　スラスラ出てきますね！　あとひとつくらいあるといい感じなんですが、何か思い浮かびませんか」

「あと何かあるかな？　……ちょっとマニアックな話ですが、肉体的にも精神的にもつらい状態のママって、体幹の筋肉が衰えていることが多いんですね。だから『体幹の筋肉が衰えている』なんてどうでしょうか」

「なるほど！　体幹なのですね！　でも、自分の体幹の筋肉が衰えているって、ペルソナさんは自覚できていますか？」

「あ、そうですね。自分ではわかりませんね、体幹の筋肉が衰えているかどうかなんて」

悩みや願望のあるあるシーンを5つ

1. 子供を大きな声で怒鳴ってしまって自己嫌悪に
2. 毎日クタクタで何もしたくないくらい疲れている
3. 子育てに自信がなくなってきた
4. いつも時間に追われて余裕がない
5. 何だか悲しくなってしまうことが多い

「それだと、あるある、ではありませんよね。では、体幹の筋肉が衰えると、たとえばメンタル面にはどんな影響が出ますか」

「体幹の筋肉が衰えると……何か、悲しくなりやすいです。うふふ」

なぜか笑いながら、ナナさんは説明を続ける。

「体幹の筋肉が衰えると、身体を支えられないので、疲れます。疲れると余裕がなくなり、何ごとに対しても悲観的になるんですね、アハハハ」

言い終わって、ナナさんは大爆笑している。どこが笑えるポイントなのだろうか？　とりあえず僕も愛想笑いで応えて、話を先に進める。

「ということは、ペルソナさんが自覚して

いるのは、『何だか悲しくなってしまうことが多い』くらいの言い方でOKでしょうか？」

「そうですね。ご本人はそういう自覚だと思います」

こうして「子育ての不安・イライラ・疲れ」メニューでの、ペルソナさんの「あるあるシーン」は、前ページの5つになった。

＊＊＊

「あるあるシーン」発想の切り口

お客様には、いち早くオンリーワンメニューの内容をお伝えしたくなってしまいますが、ここは少し冷静になって、ペルソナさんの立場に立って考えてみましょう。

自分の問題を解決できそうなメニューでも、いきなり施術やセッションの詳細な内容を説明されれば、お客様は困惑してしまいます。まずは、このメニューがお客様の「自分ごと」だという認識をもってもらうように、「注意」を引くことが大事です。

そのために有効なのが、悩みを具体的なシーンとして表現した、「あるあるシーン」を列挙することです。「階段を降りるときに膝が痛む」「朝起きるとき腰がつらい」など、お客様が体験していると思われる具体的なシーンをあげることができれば、「これ、あるある！私のことだ！」という認識が生まれ、このメニューに対する注意が生まれるのです。

悩みの具体的な「あるあるシーン」をあげるのは、なかなか難しいかもしれません。シーンが思い浮かばないときは次の切り口を参考に発想してみてください。

◎ボディケア系サロンの「あるあるシーン」の発想法

ボディケア系サロンでは、お客様の肉体的な悩みを解決するためのメニューが多くなるでしょう。ですから、お客様が自覚している肉体的な変化を中心に、「あるあるシーン」を想像すると発想しやすくなります。

【自覚的している痛みや苦しみ】

「仕事が終わるころには目がショボショボする……」「十分寝たようでも疲れが取れない気がする……」

【自覚している見た目の変化】

「太もものセルライトが気になる……」「ほうれい線が深くなってきた気がする……」

【自覚しているストレスや感情】

「不安で夜寝つけないことがある……」「生理前はイライラすることが多い……」

◎メンタル・スピリチュアル系サロンの「あるあるシーン」の発想法

メンタル・スピリチュアル系サロンでは、心に関するメニューが多くなるので、あるあるシーンを想像するのが難しいかもしれません。そこでお客様がシーンを想像できるよう、心の動きそのものよりも、心の状態によって起こった問題や自覚できる変化に注目してみてください。

【自覚的している悩み】

「職場にソリの合わない上司がいる……」「姑と合わない。同居するのがつらい……」

【ついついやってしまうこと】

「子供を怒鳴ってしまうことがある……」「苦手な人と会うと言葉が出てこない……」

【身体的な変化（心が原因であるもの）】

「爪を噛むクセが直らない……」「不安で夜寝つけないことがある……」

お客様が自覚できるシーンをあげよう

繰り返しますが「あるあるシーン」をあげるのは、お客様にこのオンリーワンメニューが「自分ごと」である、という認識をもっていただき、「注意」を引くためです。

ということは、「あるあるシーン」とは、お客様自身が自覚できている「あるある」でなければなりません。

セラピストとしては、ついつい「自律神経が優位になり、寝つけない」や「幼少期のトラウマが取れない」など、悩みの原因に言及してしまいがちですが、お客様がその原因について自覚できていなければ、そのような指摘を受けても自分ごととして認識できないでしょう。

理想のお客様像であるペルソナさんになりきって、「あるあるシーン」を描くようにしてみてください。

summary

オンリーワンメニューが解決する、お客様が自覚している悩みや願望の具体的な「あるあるシーン」を列挙して、お客様の「自分ごと」として注意を引くことが第一歩。

4-3 ［ステップ❽の3］原因をズバリ指摘し「興味」をもってもらう

「悩みの『あるあるシーン』で注意を引いたら、次は『興味』をもってもらうための情報を提示します」

僕はオンリーワンメニュー作成シートの項目を順に指しながら、次の項目について説明を始める。

「流れとしては、『あるあるシーン』を列挙して注意を引くことができたら、『これらの問題の根本原因は、実は〇〇なのです』と、『あるあるシーン』で出てきた問題点の根本の原因をズバッ！　と述べ、興味をもってもらう、という感じです」

「なるほど、たしかに自分が気にしている症状の原因をハッキリ言われたら、引き込まれますね」

ナナさんは興味深そうにうなずく。

「でも、私の場合はどうなるのかしら。

『子供を大きな声で怒鳴ってしまって自己嫌悪に……』の原因は、ママが自分に余裕がないからよね。『毎日クタクタで何もしたくないくらい疲れている……』の原因は、えーっと……年齢とともに回復力が落ちてきていることが大きいかな？　次の『子育てに自信がなくなってきた……』の原因は……」

「あ、ちょっと待ってください。ここでは、『あるあるシーン』のそれぞれの原因ではなくて、共通する根本的な原因がほしいのです」

「根本的な原因？　そんなのいろいろあるからムリですよぉ」

ナナさんはとまどった声で、泣きそうな顔になっている。

「大丈夫！　それぞれの『あるあるシーン』の原因をさかのぼればいいんですよ。ママが自分に余裕がないのはどうして？」

「えーっと、いろいろあるけど、体力がないってことが大きいかな？」

「では、回復力が落ちているのは？」

「これも体力かな？　うん、やはり体力がなくなっていることが大きいかな？」

「なるほど、両方体力なんですね！　では、ママの体力が落ちているのはなぜ？」

「単純に運動不足とか加齢もありますけど、身体を支える体幹の筋肉が弱いことが大きいんですよね。人間って直立しているので、身体を自分の筋肉で常に支えているんです。

体幹の筋肉が弱くなってくると、自分の身体を支えるのがつらくなってきて、ヘンな姿勢になったりしてよけいに疲れる……という悪循環になります」

ナナさんは言い終わると、なぜか笑い出した。

「アハハハ……ということは、ママが子育てに不安で、イライラして疲れてしまうことの原因は、体幹なんですね？　これ、さっきも出てきましたけど、ダメですよね～」

ナナさんは自分で出した答えがおかしくてたまらないようだ。

「何でダメなんです？　ナナさんご自身が導き出した答えですよ。ママの子育ての悩みの根本原因は、ナナさん的に解釈すると、体幹の筋肉が弱っているせいなんでしょう？」

「まあ……そうですね。たしかに突き詰めていけば、ママが大変なのは体幹の弱りに行き着くかもしれませんけど、かけ離れすぎていませんか？　ママのイライラの原因が体幹、だなんて」

「じゃあ、違うのですか？　ママのイライラの根本原因は別にある？」

僕は少しぶっきらぼうにナナさんに返した。

「いえ……たしかに私の考えだと、体幹の筋肉が弱ることで姿勢を崩し、疲れやすくなり、余裕がなくなる……で間違ってはいない、と思います」

ナナさんは僕の真剣な表情につられて真剣に答える。

「では、ママの子育ての悩みの根本原因は、『体幹の筋肉のおとろえ』ですね。プロのセラピストとしての知識と経験に裏打ちされた、意外性のあるいい解答だと思います。この解答にお客様は興味をもつと思いませんか？　何と言っても、子育て問題の原因が『体幹』なんですから」

「『まあ、どういうことなの？』って、引き込まれるかもしれませんね」

ナナさんはまだ笑いながら、シートに目を落として書き込みを始めた。

＊＊＊

悩みの根本原因を探るコツ

悩みの「あるあるシーン」で、お客様の注意を引くことができたら、次はオンリーワンメニューに興味をもってもらえるような情報を提示し、メニューの詳細な内容を受け入れるための心の準備をしてもらいます。

「あるあるシーン」の提示で「自分のことだ」と注意を向けてくれているお客様に、その悩みの根本的な原因を専門家の視点でズバリと教えてあげるのです。

お客様が思いつくような短絡的な指摘ではなく、専門家であるセラピストだからわかる根本的な原因を指摘することで、「なるほど」とうならせ、注意を興味に変えることができます。

根本的な原因を考えるときは、「あるあるシーン」であげた悩みの直接的な原因を何度かさかのぼると、深い原因にたどり着くことができます。

◎ボディケア系サロンは「身体の構造」レベルまで深掘りする

ボディケア系サロンのセラピストは、身体の専門家。だから身体の構造レベルにまで深掘りすると、お客様をうならせる原因を指摘できます。

【例】あるあるシーン「仕事が終わるころには目がショボショボする……」→**根本原因**「これまで積み重ねてきた悪い姿勢からくる骨格の歪み」

◎メンタル・スピリチュアル系サロンは「心や精神世界の構造」レベルまで深掘りする

メンタル・スピリチュアル系サロンは、心や精神世界の専門家。表面的な「あるあるシーン」も、実は心の構造や精神世界の構造レベルの原因が引き起こしていることを指摘するといいでしょう。

【例】あるあるシーン「子供を怒鳴ってしまうことがある……」→**根本原因**「『こうあるべ

悩みの根本原因は?

悩みへの共感	
私も3人の子供を育てているときはいつもこんな感じでした。 どうしたらいいのかわからず、自己嫌悪の毎日になっちゃいますよね。	
悩みの根本原因	**根本原因の解決法(目標)**
こんなつらいママの悩みって、実は体幹の筋肉のおとろえが大きな原因なんです。 身体を支える体幹の筋肉が年齢や出産で弱くなり、普通にしていても疲れる状態になっているのかもしれません。 普通にしていても疲れるのですから、子育てに余裕をもてなくなるもの当然です。	このメニューでは、ママが体幹の筋肉を使えるように、こわばった筋肉をアロマトリートメントで緩め、骨盤の歪みを調整しながら、体幹の筋肉の使い方を思い出すお手伝いをしていきます。 体幹の筋肉を使えるようになって、いつも笑顔のママになりましょう。

き』というとらわれから、自分や家族を縛ってしまう」

あるあるシーンからの自然な流れを意識する

「あるあるシーン」の列挙で注意を引き、根本原因を提示して興味をもってもらい、メニュー内容を説明する。

この流れを自然なものにするため、根本原因を提示する前には、「あるあるシーンへの共感」を、また、根本原因の提示のあとには、「根本原因の解決方法」をつけ加えます。

あるあるシーンへの共感

「あるあるシーン」であげた悩みについて、「こんな悩みつらいですよね」「自分でもどうしていいのかわからないですよね」等の言葉でセラピストとしてそのつらさを理解し、共感していることを伝えます。このことで、根本原因を指摘する流れが自然になります。

根本原因の解決方法

根本原因を提示したあとは、その原因を解決する方法を説明することで、このオンリーワンメニューが根本原因を解決するメニューであることをアピールし、自然に次の施術内容の説明につながるようにします。

summary

「あるあるシーン」の根本原因をズバリ指摘することでお客様に興味をもってもらい、オンリーワンメニューに引き込む。

4-4 ［ステップ❽の4］メニューを説明してほしくなってもらう

「あの……ちょっといいですか？」

オンリーワンメニュー作成シートの次の項目、「コースの流れ・内容」に進もうとしたとき、ナナさんは不安そうに切り出してきた。

「私、昨日徹夜で一所懸命メニューの中身を考えてきたじゃないですか。でも、今の時点ですでに内容がズレている気がするのですが……」

ナナさんはメモをクリアファイルから取り出して、食い入るように見つめている。

「何というか、昨日私が考えた内容はムダが多い感じがします。『子育てに不安でイライラして疲れているママ』のためのメニューにしたつもりなのですが、どちらかと言うと私がやりたい施術を並べた感じになっている気がします」

メモをひらひらさせながら、ナナさんは残念そうに言った。

「これは、このままでは使えそうにないですね」

「いえいえ、まったくのムダではありませんよ！　考えてきてくださったメニューの内容は、とても濃くできあがっていると思います。

『注意』を引いて、『興味』をもっていただけたら、次は『欲求』です。お客様にメニューをほしくさせるために、濃く施術内容を説明することはとても大切なことなのです。

ただ、さっき考えた『注意』と『興味』からの流れとはズレているかもしれません」

いったん言葉を切って、僕はさらに説明を続ける。

「この、考えてきてくださった施術内容を、悩みの『あるあるシーン』の根本原因を解決する、という視点で整理すればいいのです。昨日がんばっていただいたので、すごくラクにできると思います」

「ほんとですか？　無理やりフォローしていませんか？」

ナナさんは僕に疑うような視線を送って、おどけている。

「ま、いいか。じゃあメニュー内容ですね。ええっと……」

先ほど埋めた、「あるあるシーン」と「共感」「根本原因」「解決法」を声に出して読んでから、メニューの内容について考え出した。

「体幹かぁ～、じゃあ今、まずどれくらい体幹の筋肉が使えているのかチェックしなきゃ……」

ブツブツとひとりごとを言いながら、メニュー内容を埋めていく。

「『下ごしらえドリル』のときに考えた、オンリーワンメニュー分析シートも参考にしてくださいね」

オンリーワンメニューは、ナナさんの強みが集中しているから、オンリーワンなのだ。

ナナさんは、『下ごしらえドリル』を引っ張り出して、ページを無言でめくり、メニュー内容と照らし合わせているようだ。

「できたぁ!　こんな感じでどうでしょうか」

数分後、ナナさんが僕のほうに向けたオンリーワンメニュー作成シートには、次のように書かれていた。

「まずは、体幹の筋肉がどれくらい使えているのか骨盤の歪みをチェックして、フットバスで全身を温めます。

それから、下半身から背中の滞りをアロマトリートメントで流して、骨盤の歪みを調整して、バンテージでギュッと……どうですか?」

「まあ、くわしい施術の内容は僕にはわからないのですが、体幹の筋肉が弱っているママの根本原因が解決しそうな流れになっていると思います。ただ……」

オンリーワンメニューの「コースの流れ・内容」

コースの流れ・内容

流れ 1「フットバス・カウンセリング・骨盤チェック」	
内容	なぜやるのか
流れ 2「下半身トリートメント・背面トリートメント」	
内容	なぜやるのか
流れ 3「骨盤矯正」	
内容	なぜやるのか
流れ 4「バンテージ骨盤チェック・アフターカウンセリング」	
内容	なぜやるのか
流れ 5「　」	
内容	なぜやるのか

「何ですか？　何か足りませんか？」

「ナナさんの得意な、心理カウンセリングのことが入っていないかな、と。体幹へのアプローチがメインですが、ナナさんの強みも入れられないかな？」

「そうでした！　私、『下ごしらえドリル』には書いているわ。これ、カウンセリングのときに入れます」

僕の目の前にあったシートをひったくって、メニュー内容を書き足しながら、ナナさんは楽しそうだ。

オンリーワンメニューを考えていくことは、自分のステキを世界から求められる価値に変えること。それは元来、楽しいことだ。

ナナさんがそのことに気づいてくれたよう

で、僕はうれしくなった。

＊＊＊

メニュー内容は「流れ」で表現する

オンリーワンメニューにお客様の「注意」を引きつけ、「興味」をもってもらえたら、次はほしいと思わせる「欲求」の段階に進みます。お客様に「ほしい」という気持ちを起こさせるために詳細なメニュー内容を考え、説明できるようにしましょう。

セラピストはどうしても自分ができる技術を過剰にアピールしたメニュー内容をつくってしまいがちです。しかし、あまりにも技術的にマニアックな内容では、お客様の「ほしい」という気持ちに水を差してしまうかもしれません。

そこで、前項で提示した「様々な『あるあるシーン』の根本原因」を解決する、ということにフォーカスして考えてみるのです。そうすれば、悩みを抱えたお客様の根本原因を解決する、本当に必要な技術だけを厳選した、お客様が「ほしい！」と思えるシンプルで力強いメニュー内容にすることができます。

オンリーワンメニューのはじめから終わりまでの施術やセッションの「流れ」を具体的に

各項目の「内容」と「なぜやるのか」を説明

2.脚部・下半身のリンパマッサージ

フットバスで全身が温まった後は、脚部から下半身のリンパを丁寧に流しながら、同時に筋肉をほぐしていきます。
下半身の滞りを流すことで、緊張を解き、次に行う骨盤の調整を行いやすくします。

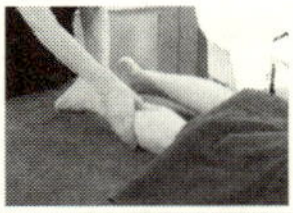

内容

なぜやるのか

説明することで、お客様は自分がサロンを訪れたときに、どのようにメニューを受けることになるのかを疑似体験することになり、メニューへの「欲求」を高めることになります。

【例】アロマ・リンパサロンの「下半身むくみスッキリ・リンパコース」の流れ

1　カウンセリング・フットバス
2　脚部・下半身のリンパマッサージ
3　骨盤の調整
4　呼吸法とストレッチ
5　ご自宅でのかんたんトレーニング法のお伝え

また、流れの項目それぞれの具体的な「内容」と「なぜやるのか」を丁寧に説明し、写真を用意しておくと、さらにお客様の「サロンに行きたいという欲求」が高まります。

流れが表現できないときは細分化してみよう

カウンセリングやヒーリングなどのサロンでは、メニューを流れで説明しようとすると、単に「カウンセリング」や「ヒーリング」などの大きな流れでしか表現することができなかったり、順序を固定して説明するのが難しい場合があります。

そんなときは、流れを細分化してみると、お客様にメニュー内容が伝わりやすくなります。

【例】「カウンセリング」という流れの項目を細分化する例

「パートナーと不仲な女性のためのカウンセリング」の場合（流れの細分化）

↓

「カウンセリング」

・パートナーへの怒りの感情をありのままに感じてみましょう
・なぜその感情が起こるのかを考えましょう
・感情の原因が発見できたら、その原因に対する感情を観察しましょう

・そこから、今、何ができるのかを考えてみましょう

メニューの流れや内容を詳細に説明することは、お客様の不安を取り除くことになります。サロンを訪れたいという欲求が不安を上回るよう、丁寧に丁寧にメニューを解説することを心がけましょう。

summary

お客様の「欲求」を高めるには、自分の悩みを根本的に解決してくれるメニューの疑似体験をしてもらうこと。

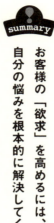

4-5 ［ステップ❽の5］最後に「ご予約」という行動を促す

「施術の流れができて、グッと内容が固まりましたね！　オンリーワンメニューの『体』のシメは『お客様に行動を促す』こと。サロンの場合は『ご予約という行動』と言ってもいいでしょう。

予約してもらうために、まず、『メニューの特徴』を3つにまとめることでメニューのよさを整理し、『セラピストからの一言』で感情面から背中をひと押しするのです」

ナナさんはシートに目を落として僕の説明を聞いていたが、顔を上げて質問をする。

「特徴を3つと言っても、パッとあげるのは難しいです。ここ、何を書けばいいですか？」

「すぐに思いつかない場合は、〈このメニューの〉技術的な特徴、セラピストの経験や技量の特徴、付加価値的な特徴〉の3つの切り口で考えると思いつきやすいでしょう」

「なるほど。私の場合は、『技術的な特徴』は、『アロマで温めて骨盤矯正で体幹にアプローチ』という特徴ね。『セラピストの経験や技量の特徴』は何があるかな……」

「ナナさんの場合は……」

このコースの3つの特徴

1 アロマトリートメントで筋肉のこわばりを緩め、骨盤を調整することで、子育ての疲れの根本原因である体幹の筋肉のおとろえにアプローチします。

2 ママの大変さ、つらさがわかる、自身も3人の男の子を育てたベテランセラピストが考えた、ママのための特別なメニューです。

3 ご帰宅後も体幹を意識できるよう、ご自宅でのストレッチや簡単なトレーニング法もお伝えしています。

僕は『下ごしらえドリル』をナナさんのそばから引き寄せ、「現在のお店の強み」のページを開く。

「ご自身も3人のお子さんを育てた経験があること、アロマ歴12年なんかを特徴として出すとよさそうですね」

「あ、そうか！　前に強みの棚おろしのときに考えていましたね！　またイチから考え直すところでした。最後は、『付加価値的な特徴』……と」

しばらくしてナナさんは特徴の欄を書き終えた。

「はい。では次の『おすすめの一言』です。ここで最後にナナさんが個人として、お客様の背中を押すのです。これまで、つらかった

おすすめの一言

エピソード・体験談

3ヶ月目で怒鳴ることがなくなったママも……
子供を怒鳴ってしまって自己嫌悪になっているママの身体を見せていただいてびっくり！　ぜんぜん体幹の筋肉が使えていないんです。どれだけがんばっても、毎日夕方になるとぐったり疲れてしまって、子供に優しく接することができず、怒鳴ってしまっていたようです。じっくり固まっていた筋肉をほぐし、体幹の筋肉が使いやすよう調整をさせいただきながら、ご自宅でもストレッチとトレーニングしていただき、3ヶ月目、まったくお子さんを怒鳴らなくなったそうです。
体幹の筋肉を使えていないことからくる身体の疲れで、子供さんに余裕をもった対応ができなくなってしまっていたんですね。

おすすめの一言

子育てに悩んでいるママさん、あなたのその悩み、身体の疲れが原因かもしれません。
アロマナナで体幹から今の生活を見直してみませんか。

ママを改善させたエピソードや、自分がラクになった体験談を紹介し、最後に背中を押す、という感じにしましょう」

「エピソード？　以前いただいた、お客様の声を書いたらいいですか？」

「お客様の声というよりは、セラピストが過去のお客様の事例を紹介しながら、おすすめの一言を述べる、という感じです。

『過去にこのオンリーワンメニューを受けたお客様にこんな変化がありました。悩んでいるなら、ぜひお越しくださいね』という流れです」

「あくまで、セラピストが自分の言葉で、お客様におすすめする感じですね！」

「これ、すぐに予約しちゃいそうな文じゃ

ないですか！」

ナナさんは自分の書いた文章を自画自賛している。たしかに、なかなか想いのこもった「おすすめの一言」だ。サロンの命であるオンリーワンメニュー。だから、サロンオーナーが自分の言葉でおすすめすることが一番なのだ。

＊＊＊

Actionとは、お客様の背中をひと押しして行動してもらうこと

オンリーワンメニューの内容の最後は、「行動」してもらうための情報。サロンに行きたい！オンリーワンメニューを受けたい！　という「欲求」をもったお客様を放っておかず、背中を押すことで、「サロンに連絡する」「予約をする」という具体的な行動を促すのです。

「欲求」の高まったお客様を行動へと促すには、「理屈」と「感情」の両面からのひと押しが有効です。

◎特徴をまとめメリットを整理してあげる、理屈でのひと押し

ここまで説明してきたオンリーワンメニューの特徴を、3点程度に絞って説明することで、メリットを整理します。このオンリーワンメニューを予約するというお客様の選択が間違い

予約に必要な情報を!

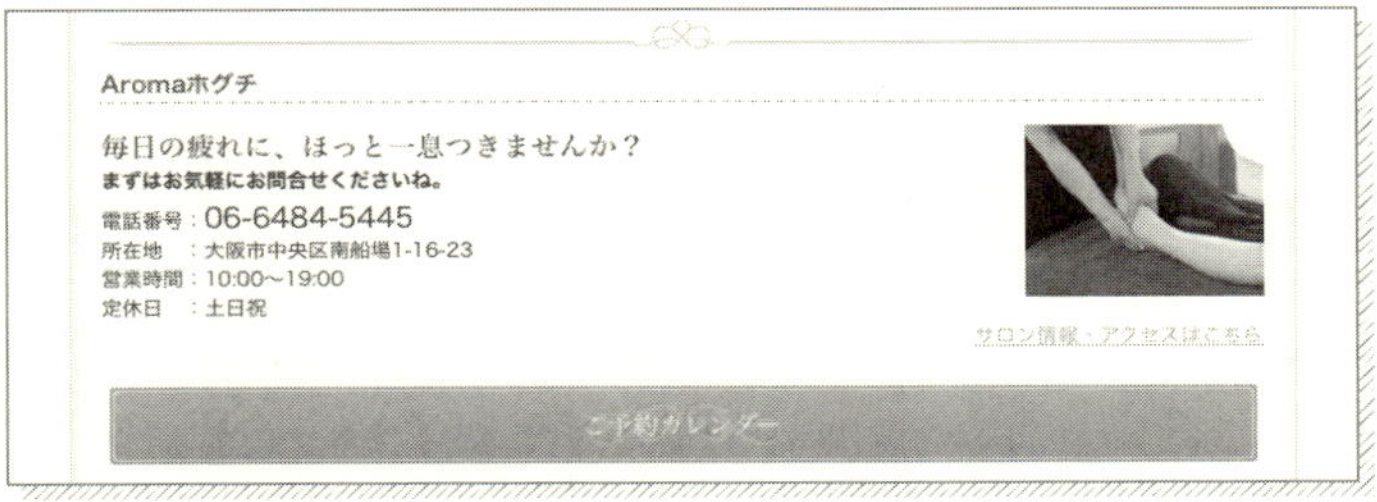

でないことを、理屈でフォローするのです。

メリットは、「メニューで使用している施術やセラピーの**技術的な特徴**」「施術やセラピーを行なう、**セラピストの経験豊富さや優れた技量の特徴**」「サロン空間やアフターフォローなど**付加価値的な特徴**」の３つの視点で考えると、バランスよくまとまります。

３章の３－５「サロンの強みを棚おろしする」で棚おろししたサロンの強みを活用できると、アピール力が高くなるでしょう。

◎エピソードやセラピストの想いを伝える、感情面でのひと押し

理屈のメリットで背中を押したら、最後はセラピスト個人としての想いをきちんと伝えます。「とにかく受けてみてください」では、単なる売り込みになってしまいます。

過去に同じような悩みをもった方が、このメニューを受けて改善したエピソードや、自分自身も同じ悩みをもっていた等の体験談を踏まえて、本心からこのメニューをおすすめする一言を書いてみましょう。

行動のために必要な情報は必ず記載しよう

この項では、お客様の「行動」を促すための内容を考えてきました。多くのサロンの場合、行動とは、オンリーワンメニューを「ご予約いただく」ことになるかと思います。

であれば、ホームページやチラシなどのオンリーワンメニューを説明するツールには、予約に必要な**「サロンの電話番号」**や**「ご予約フォームへのボタン」**などの情報を必ず記載しなければいけません。これを忘れてしまっているサロンが多いので注意が必要です。

summary

オンリーワンメニューを受けてみたい！
という欲求の高まったお客様の背中を、「理屈」と「感情」で押してあげよう。

4-6 〔ステップ❾〕オンリーワンメニューの「金」を決める

「これでオンリーワンメニューの『体』、つまり内容が決まりました。なかなか充実した内容になりましたね！」

僕らはびっしりと埋まった「子育ての不安・イライラ・疲れ」のシートをもう一度上から眺めた。ナナさんに言ったこの言葉に嘘はない。かなり魅力的で充実したオンリーワンメニューが実体化してきた。

「次は、メニューの3要素の『金』、つまり料金を決めます」

「料金……。これ、私わからないんですよね。もう決めていただいたほうがいいな」

ナナさんは僕の顔色をうかがいながら、遠慮がちに言った。

「私が料金を決めると、ロクなことがないんです。自分がつくったメニューって、高いのか安いのか、よくわからないんですよね」

「たしかに、料金を決めるのは難しいことです。でも、サロンのメニュー料金を決めるのはオーナーの仕事です。

料金はサロン経営に直結します。だから、よくわからなくても、オーナーが自分で決めるべきです。絶対に他人に決めさせてはいけません」

僕はすこし厳しい顔をつくって言った。実はこれは、料金に限った話ではない。サロンのすべてはサロンオーナーが決めなければならない。もちろん、専門家に助言を求めるのはいいが、その助言を受けて「決める」のは、サロンオーナーでなければならない。なぜなら、その決定の結果として利益を得るのも損失を出すのも、サロンオーナー自身だからだ。

「えーっ、じゃあ、ヒントくらいください」

僕の真剣さが伝わっていないようだが、ナナさんは自分で考える気になったようだ。

「料金の決め方、俗に言う『値づけ』が難しいのは、正解がないからなんです。どれだけ安くしてもいいし、高くしてもいい。ただ『理想料金』は計算で求めることができます」

「理想料金?」

はじめて聞く言葉に、ナナさんは戸惑ったようだ。

「ええ。サロン側が、これくらいはほしいな、という料金です。サロンが決めた、理想的な料金と理解すればいいでしょう」

書き込みながら説明するため、僕はナナさんのノートを2人の中間地点に引き寄せた。

「まず、サロンが目指す、売上金額を決めます。アロマナナの目標売上はいくらですか？」

「えっ、目標？　考えたことがありません。でも、月に25万円あれば余裕でやっていけます。だから25万円を目指して、毎月がんばっております」

何だか変な口調になってナナさんが答える。

「では25万円ですね。アロマナナは土曜・日曜と祝日が定休日ですから、稼動日はだいたい22日です」

僕は聞きとった内容をメモしながら続ける。

「1日に最高で何名のお客様を施術できますか？」

「うーん、余裕をもっていただきたいので、1日2名様までですね。夜も開けられるといいのだけど、一番下の子供がまだ小学生だから……」

「はい。では、1日の最大稼働人数は2人、と。さて、うまくいったとして、どれくらいの集客が可能な感じでしょうか。毎日2名は埋まりますか？」

「2名お越しになる日もありますけど、ゼロの日もあります。最近はゼロの日が続くことが多くて……。だからこうして相談にきているんです！」

「なるほど。では、毎日コンスタントに1名様、つまり月22名の集客ができるというラインが、今目指すところ、と考えていいですか？」

「理想料金」を決める!

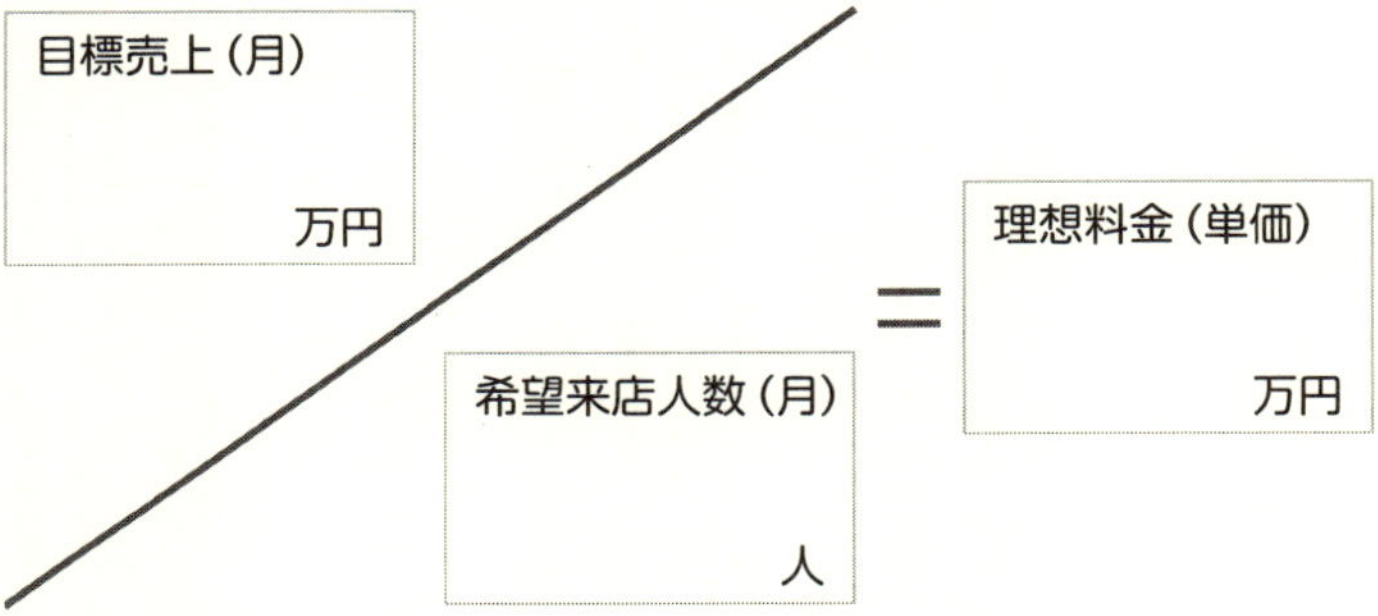

サロンナナの理想料金の求め方

目標売上額 25万円　　希望来店人数 22名

25万円 ÷ 22人 ＝ 1人あたり売上1.13万円 ≒ 1万2000円

「ええ、そうですね」

ナナさんは、現在のサロンの不調を思い出したのか、元気のない声で答える。

「では、アロマナナの理想料金を計算しましょう。

目指す売上は月25万円です。そして、毎月の希望来店客数が22人。

25万円を22人で割ると、1・13万円くらいか。これが、アロマナナがお客様お一人からいただきたい金額、つまり『理想料金』です」

「平均で、ということですよね。今は、お一人様から1万2000円にはぜんぜん届いていないと思います」

「ということは、アロマナナが集客に成功して、毎月22名のお客様にご来店いただけるようになっても、売上目標には届かない、ということです。これは簡単な算数の問題です」

「ホントですね。今まで計算したことはなかったです」

現実感がないのか、ナナさんは明るい声だ。

「では、メニューは1万2000円くらいにしろ、ということですね」

「サロン側の理想としては、です。ですが、お金はお客様が出すもの。お客様のご都合についても考えないといけません」

＊＊＊

「お客様が気持ちよく支払える料金」と「サロンがいただきたい料金」のバランス

このテーマで書かれた本が何冊もあるほど、奥が深いのが「料金設定」です。

サロンが提供しているメニューの価値に対して、料金が高すぎるとお客様は買わない。反対に、価値に対して料金が安すぎるとサロンは儲からない。

よく「1万円のラーメンでもダメ、30万円のベンツでもダメ」などと言いますが、料金設定問題の的を射たたとえだと思います。

つまり、料金設定の妙は、「お客様が気持ちよく支払える料金」と「サロンがいただきたい料金」のバランスなのです。料金設定の難しさは、この両者のバランスを取る難しさ、と言えます。メニューを告知する当初から適切な料金設定ができればいいのですが、現実的には、お客様の反応をうかがいながら微調整を繰り返し、バランスを取ることになります。

理想料金を求める

最初から「お客様が気持ちよく支払える料金」を想定することは難しいので、まずは「サロンがいただきたい料金」＝「理想料金」をオーナーであるあなたが把握しておくことが料金設定のスタートです。

つまり、ご来店されたお客様お一人に、これくらいいただかないと目標売上額に届かない、という料金です（178ページ図参照）。

この理想料金を知らないと、「どれだけご来店があっても、目標売上額が達成できない料金」や「目標売上には十分なのに、高すぎてご来店が少ない料金」など、無理がある料金設定を行なってしまう可能性があります。

理想料金からの調整

自分のサロンの理想料金がわかったら、次の3つの視点から理想料金を調整して、「お客様が気持ちよく支払える料金」に近づけましょう。

◎料金と価値の調整

理想料金とあなたが提供するオンリーワンメニューの「価値」は釣り合っているでしょうか。オンリーワンメニューで提供する内容・クオリティが理想料金で売れるのか、検討してみましょう。理想料金に達していない場合は、提供する内容を充実させたり、自分の腕を磨いたりして、提供する価値を理想料金に近づけるよう工夫します。

◎相場料金との調整

同業者のサロンが、自分が提供するメニューと同等の内容とクオリティのものを、どれくらいの料金で提供しているかをリサーチし、調整を行なうという視点です。

これからお客様に提供していくのは、あなたのサロンだけのオンリーワンメニューですから、ライバルサロンの料金に敏感になりすぎる必要はありませんが、あまりにも相場とかけ離れた料金設定をしてしまわないようにしましょう。

◎費用と投資としての調整

提供しているオンリーワンメニューがお客様にとって「費用」なのか「投資」なのか、という視点でも考えてみましょう。

お客様が今抱えている問題を解決するセッションや施術の場合、そのメニューはお客様にとっては「費用」となるので、一般的に料金は低くなる傾向にあります。
しかし、「セラピスト養成講座」などの場合は、提供する内容によってはお客様が将来、収入を得るなどのリターンがあります。この場合はお客様にとって「投資」となり、その場の問題解決ではなく、将来得られる収入に対する価値となるので、料金は高くなる傾向があります。

summary

料金は、「お客様が気持ちよく支払える料金」と「サロンがいただきたい料金」のバランスで決める。まずは「理想料金」を把握することから始めよう。

4-7 [ステップ⑩] オンリーワンメニューの「名」を決める

「オンリーワンメニューの実体化の最後が『名』、つまりメニュー名を決めることです。商品の料金と名前を決めるのはオーナーの仕事です」

僕はナナさんが丸投げしてこないように、先手を打って言った。

「はーい！　わかってます。何でもオーナーの責任です。はいはい」

ナナさんは、ふてくされたようなおどけた口調で返事をする。

「名前のつけ方ですが、ひとつセオリーがあります。『名は体を表わす』と言うように、メニュー内容を表わすような名前が一番ということです」

「そりゃそうね。内容がわからないようなメニュー名では、お客様にそのよさも伝わりませんよね」

「おおー！　ナナさん、わかってきましたね！　とても『プリンセスコース』なんてメニュー名をつけていた人の発言とは思えない」

「あっ！　たしかに！　私もやっちゃってる！」

「プリンセスコースでは、どんなメニューなのかさっぱりわかりません。だからメニュー名としてよくない」

僕は意地悪く繰り返した。

「わかりましたってば！　もうプリンセスコースから離れてください！」

「だからと言って、内容そのままのメニュー名がベストというわけではありません」

「どういうことです？」

「『名は体を表わす』を地でいきすぎると、『ベタ』になりすぎるんです」

ナナさんには、うまくニュアンスが伝わっていないようだ。

「メニューの内容をそのままメニュー名にすると、おしゃれ感がなくなる、ということです。たとえば、更年期の女性のためにアロマトリートメントを行なうオンリーワンメニューがあるとします」

「なかなか魅力的なメニューね！」

「はい、なかなか特徴のある、主張の強いメニューです。そのメニューに『更年期の女性のためのアロマトリートメント』と名前をつけると非常にわかりやすい」

「うん、わかりやすい！」

メニュー名のメリット・デメリット

	直接的なメニュー名	表現を和らげたメニュー名
	更年期の女性のための アロマトリートメント	大人の女性の 体調アロマケア
メリット	インパクト大 伝わる	優しい（オシャレ） 買いやすい
デメリット	どぎつい（ベタ） 買いにくい	インパクト小 伝わりにくい

「でも、直接的すぎて、抵抗感をもつお客様がいるかもしれない」

「たしかに。『更年期』が出すぎていて、抵抗があるのもわかる……」

「そこで、少し表現を柔らかくすることもできます。たとえば、『大人の女性の体調アロマケア』とか」

「なるほど！　その名前だと抵抗はないですね」

「ええ、でも、更年期というインパクトはなくなります。つまり、直接的な表現はわかりやすい。しかし、おしゃれ感がなくなる。表現を柔らかくするとおしゃれになる。しかし、わかりにくくなりインパクトがなくなる、ということです」

「うーん、ベタとオシャレのさじ加減が難しいということですね」

＊＊＊

「名は体を表わす」ネーミングのためのネタ出し

お客様目線で内容の詳細を検討し、料金を決定したオンリーワンメニュー。最後はメニュー名をつけて完成です。

お客様の悩みを解決する、という目線でつくられたオンリーワンメニューなのですから、シンプルな「名は体を表わす」ネーミングがベストです。

まずは、**「誰のための」**メニューなのか、**「どんな悩みを解決する（どんな願望を実現する）」**メニューなのか、**「何を行なって解決する」**メニューなのか、という3つを整理して、ネーミングのネタ出しを行ないます。

【例】

- **誰のためのメニューなのか**……小さなお子さんをもつママのための
- **どんな悩みを解決するのか**……抱っこによる肩こりを解決する
- **何を行なって解決するのか**……アロマトリートメントとリンパマッサージ

↓

【（子育てママのための）抱っこ肩こりアロマリンパコース】

言葉の選び方で調整を

ネーミングのネタ出しができたら、実際にメニュー名にする言葉を選びましょう。

第一に考えなければならないのは、「お客様がわかる言葉」を使っているかどうか、ということ。お客様がピンとこない専門用語や省略語は避けましょう。

次に考えるべきは、言葉の洗練度。体を表わすためにはシンプルな言葉のほうがお客様に響きやすくベストなのですが、シンプルな言葉は得てして直接的でどぎつい表現になってしまいがちです。

自分のサロンのペルソナさんがその言葉を聞いて嫌悪感を抱かないか、引いてしまわないかどうかを想像し、問題がありそうなら、表現を柔らかくするなどの調整をしましょう。

【例】直接的すぎる表現を和らげる

不倫の恋に悩む方ためのカウンセリング

↓

【大人の恋愛カウンセリング】

表現を和らげると「どぎつさ」はなくなりますが、お客様に響くインパクトも弱くなります。メニュー名として言葉を受け取る、お客様の気持ちやシチュエーションを想像して調整しましょう。

summary

オンリーワンメニューのネーミングは「名は体を表わす」式が一番でも、どぎつすぎる場合は和らげることも必要。

5章

オンリーワンメニューを売り込まずに売る、非競争マーケティング

前回の面談で最終的に、アロマナナのオンリーワンメニューは、

・子育て疲れイライラスッキリ・カラーボトルセラピー&アロマバンテージ

(**解決する悩み**：子育ての不安・イライラ・疲れ)

・産後ぽっちゃりに漢方&アロマリンパ

(**解決する悩み**：産後体型が戻らない・スリムになりたい)

・ママのお顔ストレッチ&アロマフェイシャル

(**解決する悩み**：産後、肌荒れしやすくなった)

の3つになった。

アロマナナの使命である「ママが自然の力で自分に戻って、健康でキレイになる」が実体化された、いいオンリーワンメニューだ。しかし、この段階はまだ、ナナさんの頭のなかで組み立てられた仮説にすぎない。つまりオンリーワンメニューの試作品だ。

この試作品はこれからお客様に実際に提供してみてはじめて、仮説がたしかめられる。

だからと言って、競争から逃れるためのオンリーワンメニューを売るのに、ガンガン売り

込んでは本末転倒になってしまう。

やる気になっているナナさんに、この「売り込まない集客」を伝えるは難しそうだ……。

「オンリーワンメニュー、大好評です」

いつものようにナナさんは、オフィスに入ってくるなり話し始める。

「まだ、常連さんにご案内して3回くらいかな？　試していただけですけど、本当に好評なんです。メニュー名もわかりやすいし、内容もピンポイントだし、効果あるって」

オンリーワンメニューをつくって自信を取り戻したナナさんは、本当にポジティブだ。このポジティブな姿勢はサロン経営に欠かせないものだが、オンリーワンメニューの完成には、もうひと磨き必要なことを伝えなければならない。

僕はいつものように、できるだけナナさんのテンションに合わせた口調で言う。

「やりましたね！　でも、今の段階のオンリーワンメニューは、まだ想定しただけの仮説ですよね。メニュー名も、内容も、金額も」

「ええ。たしかに。すべて私の頭のなかの話ですもんね。でも、受けていただいた常連さんには好評だし、これは期待できると思います！」

ナナさんには自信があるのだろう、声が明るい。

「実は、オンリーワンメニューは、企画して実体化して完成じゃないんです。施術を試しただけでもダメです。実際にお客様に有料で提供して、手ごたえをつかみ、仮説をたしかめて、必要であれば修正して完成なんです」

「そうかぁ、たしかにお金をいただく前提で告知しないと、反応もわからないですからね。わかりました！　ガンガン告知して、たくさんの方に受けていただいて完成させます！」

「そこが難しいところで、オンリーワンメニューはガンガン売り込んじゃダメなんです」

「えっ？　でも知ってもらえないと、受けてもらえないし……」

ナナさんは僕の言うことが飲み込めないのか、言葉を返せないでいる。

「もちろん発信は必要です。でも発信だけで勝負しようとすると、宣伝競争になってしまいます。宣伝競争になればアロマナナは不利なんです。安売りや過激さがウリではないので。だから集客の前に、アロマナナのことをじっくり丁寧に説明する場所が必要なのです」

「なるほど。せっかく競争しないようにオンリーワンメニューをつくったんだから、強引に売り込むな！　ってことですね。ご安心ください。言葉には気をつけて発信します」

「いえいえ、そういう小手先のことではなく、僕が言っているのは、発信を連携プレーで行なわないといけない、ということです。

僕はこの売り込まない集客の連携プレーを『**非競争マーケティング**』と呼んでいます」

「ひきょうそう？　競争しないってこと？」

＊＊＊

本章では、オンリーワンメニューを完成させるために、実際にお客様に売る方法の基本を解説します。ここで解説する「非競争マーケティング」は、オーナーセラピストの分身のようなホームページで、サロンのコンセプトとオンリーワンメニューを丁寧に説明して、そこを核に情報発信を行なう、小さなサロンにぴったりの集客方法です。

「集客って何をやればいいのかわからない」

という方は、ここで解説する方法の理屈を理解し、実践してみてください。きっと、あなたのサロンだけの集客必勝パターンを生み出すヒントが得られることでしょう。

5-1 売り込まない集客法「非競争マーケティング」

ナナさんが生み出した3つのオンリーワンメニュー。この3つのメニュー完成させるためには、お客様にお金をいただいて提供する必要がある。

だから、オンリーワンメニューのための集客を行なわなければならない。そのためにはまず、ナナさんに「非競争マーケティング」の考え方を理解してもらう必要がある。

「非競争マーケティングの考え方はいたってシンプルです。先ほども言いましたが、基本は『連携プレー』なんです。要は『単発勝負しない』ということですね」

「連携プレーというのが、もうひとつピンとこないんですよね」

ナナさんは、どこか他人事のようにつぶやいた。

「たとえば、『ブログだけ』でオンリーワンメニューを受けてもらおうとすると、けっこうがんばらないといけない。オンリーワンメニューのよさをアピールして、『ぜひ受けてください！』と熱心におすすめしないといけなくなります。そうすると、必然的に売り込みが強くなります」

「たしかに、売り込み感の強いブログを書いているサロンオーナーさん、よく見かけます！　必死だなって思ってしまいます」

「その必死さを、お客様は敏感に察知しますから、逆に行きたくなくなってしまうのです。だから連携が必要なんです」

僕はいったん言葉を切って、ナナさんが理解するのを待って続ける。

「ブログを読んでくれた方をホームページへと誘導し、ホームページではメニューを丁寧に説明し、予約できるようにしておく。こんな感じで連携プレーを準備しておけば、売り込まないブログを書けます。ＳＮＳでも、イベントでも同じです」

「なるほど。飛び込み営業の新人と、商談をまとめるベテランの部長さんのようなコンビね！」

「まったくそのとおり。さすがナナさん！　理解が早い！」

ナナさんは胸をそらして大げさに得意がった。

「私もＯＬ時代には営業を経験していますからね！

それで、アロマナナの場合は、その連携プレーをどうやったらいいのか教えてください」

＊＊＊

競争を避けるためのマーケティング

多くのサロンが、同じようなメニューを売る「そのまま売り」が競争の原因となり、サロンの経営を難しくしています。

そんな現状から逃れるための解決策が、ライバルと競争しないサロンコンセプトを確立して、そのコンセプトを形にしたオンリーワンメニューをつくることでした。

そして、ライバルと競争しないサロンコンセプトとオンリーワンメニューをお客様に伝えることで集客し、ファンを増やす具体的な方法をまとめたものが、筆者の考案した「非競争マーケティング」です。

非競争マーケティングは、

【競争しないサロンコンセプトを明確にする】
【ブランドを形にしたオンリーワンメニューをつくる】
【サロンの分身のようなホームページでブランドを丁寧に説明する】
【ブログやSNSで世界に存在を知らせる】

分身ホームページを中心とした連携プレー

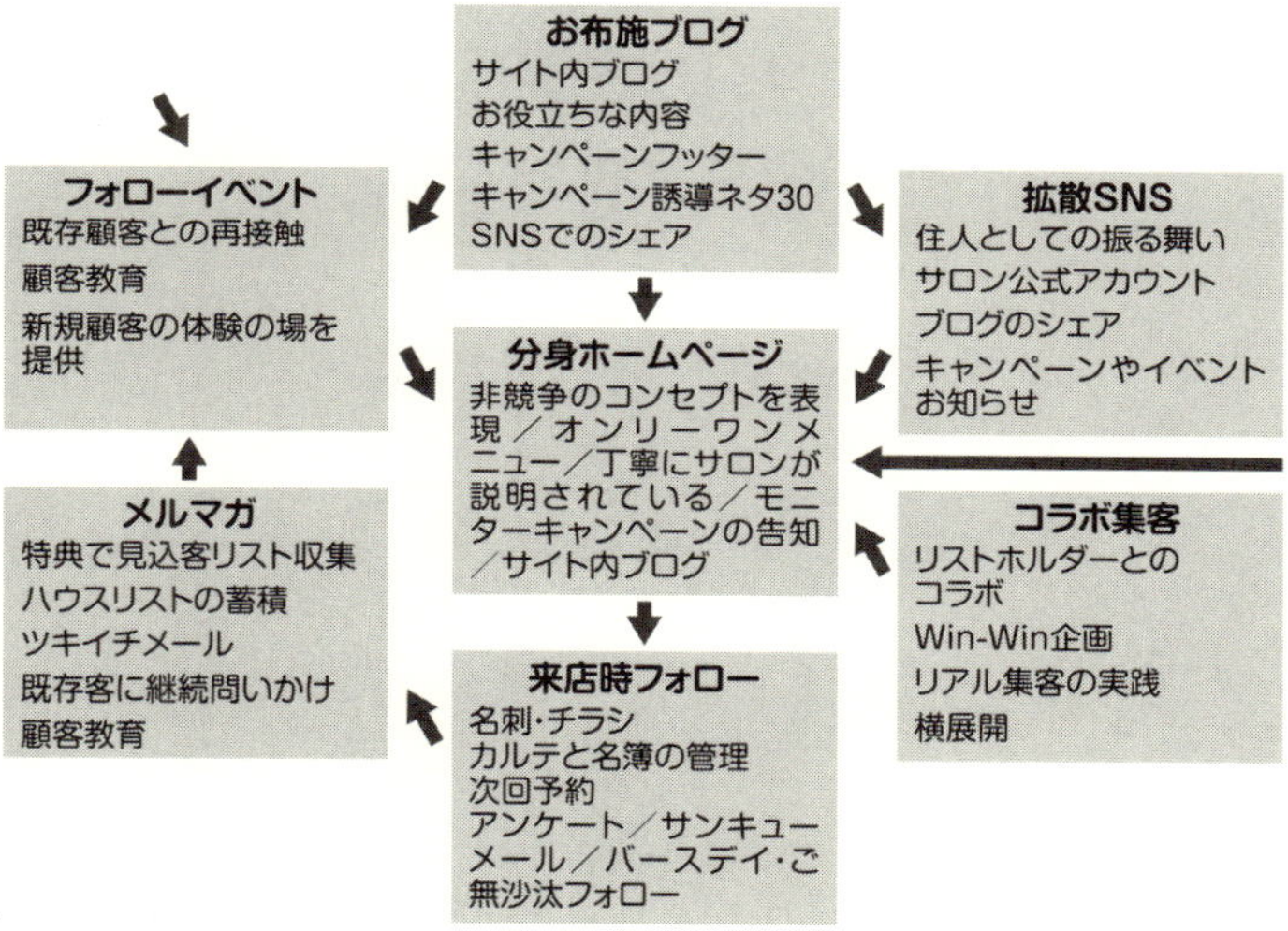

【リアル集客で、サロンの存在を知らせる】
【ご来店したお客様をフォローできる体制をつくる】
【お客様と会える機会であるフォローイベントを企画する】
【お客様をフォローし、いつでも思い出してもらえるようにする】

という、シンプルなマーケティング手段を組み合わせたものになっています。

そのため、マーケティングの考え方を身に着けることで、お金も人手も十分ではない小さなサロンでも実践でき、自分のサロンに応用できるようなっています。

本書では、オンリーワンメニューを完成させるための、集客部分をメインに解説します。

もし現在、あなたのサロンの集客方法が確

立していれば、その方法でいち早くオンリーワンメニューにお客様を集め、完成を急いでください。

また、自分のサロンの集客方法が完成していないのであれば、この非競争マーケティングの集客部分を理解して実践してみてください。

summary

オンリーワンメニューを売るのにぴったりなのは、連携プレーで売り込まない集客を行なう「非競争マーケティング」。

5-2 あなたの代わりに売ってくれる分身ホームページ

「今はブログとかＳＮＳがあるので、ホームページってもう必要ないのかと思っていましたけど、オンリーワンメニューの説明の基地にするんですね」

ナナさんは僕の説明に納得がいったようで、考えながら話す。オンリーワンメニューの説明基地とはなかなかいい表現だ。

「そう思っていても、アロマナナさんも、ホームページを公開されているじゃないですか」

僕はパソコンの電源を入れ、アロマナナのホームページを表示させた。

「わっ！　やめてください！　このホームページ、４年ほど前につくってから放置したままなんですから！」

モニターには、幅が狭く、古臭いデザインのホームページが表示されている。施術写真やセラピストの写真などは見当たらない。ボタンに書かれている文字はなぜか筆記体のような英文字になっている。

ナナさんは大慌てで、モニターを手で隠そうとしている。

「まずサロンオーナーが、自分のホームページを見たくない、というのが問題ですねえ」

「意地悪言わないでください。今じゃもう、やっていないメニューばっかりだし……」

「おお！　『すべての女性の美と健康のために』って、なかなか言いますね〜」

アロマナナのホームページのメニューバーをクリックし、各ページを表示させながらナナさんの反応をうかがった。

「わーっ！　終了終了。今のホームページが『分身ホームページ』になっていないのは重々承知しております」

ナナさんは懇願するように僕を見た。リアクションが面白いのでもう少し続けたいが、これくらいにしておこう。モニターから視線をナナさんに戻して僕は説明を始める。

「オンリーワンメニューを説明するための分身ホームページは、ただ丁寧に説明すればいいというものではありません。僕は分身ホームページには4つの仕事がある、と考えています。**『説得』『共感・信頼』『接触』『発信』**の4つです」

ナナさんはオンリーワンメニューの内容を書いたドリルをひっくり返し、メモを取ろうとする。

「ええと、『説得』と、何でしたっけ?」

「『共感・信頼』『接触』『発信』です」

「きょうかん・しんらい、せっしょく、はっしん、と」

「まずは『説得』ですが、サロンは商売ですから、サロンのホームページには、ウチのサロンに来てくださいね、という説得が必要です」

「ウチのサロンに来てください、と」

ナナさんはメモを取りながら復唱してくれる。

「次に『共感と信頼』。小さなサロンを選んでいただくには、説得だけでは不十分です。やはり共感や信頼が必要ということです」

ナナさんは、今度は無言でメモを取っている。

「そして『接触』。ホームページはネット上の情報ですから、お客様に実際にサロンに足を運んでいただくためには、何らかの現実的な接触するしかけが必要です。

そして最後は『発信』。ホームページは分身ですから、4年も前につくって、そのまま放ったらかしではダメですね。常にサロンの今を発信していないと」

＊＊＊

分身ホームページの４つの仕事と具体的なコンテンツ

内容がほとんどない、デザインや見栄えがキレイなだけの、「あるだけ」ホームページを公開しているサロンが本当に多いです。

ホームページの内容が薄いと、サロンの魅力も薄いと判断され、せっかくつくったオンリーワンメニューの魅力を伝えることができず、他のサロンとの競争に巻き込まれやすくなります。デザインを重視した、内容のないシンプルなホームページでもＯＫなのは、すでにブランドが確立された大手や老舗のサロンだけだと理解しておきましょう。

たしかに、サロンのことを丁寧に説明するのは面倒だし、大変です。しかし、ブランドネームも何もない小さなサロンへの予約を検討しているお客様は不安なのです。そんな不安なお客様の気持ちに寄り添うように、小さなサロンは自分のことを丁寧に説明した、分身のような充実したホームページをつくるべきです。

小さなサロンが丁寧に自分のことを説明するには、以下のような４つの仕事に対応したページを用意するといいでしょう。

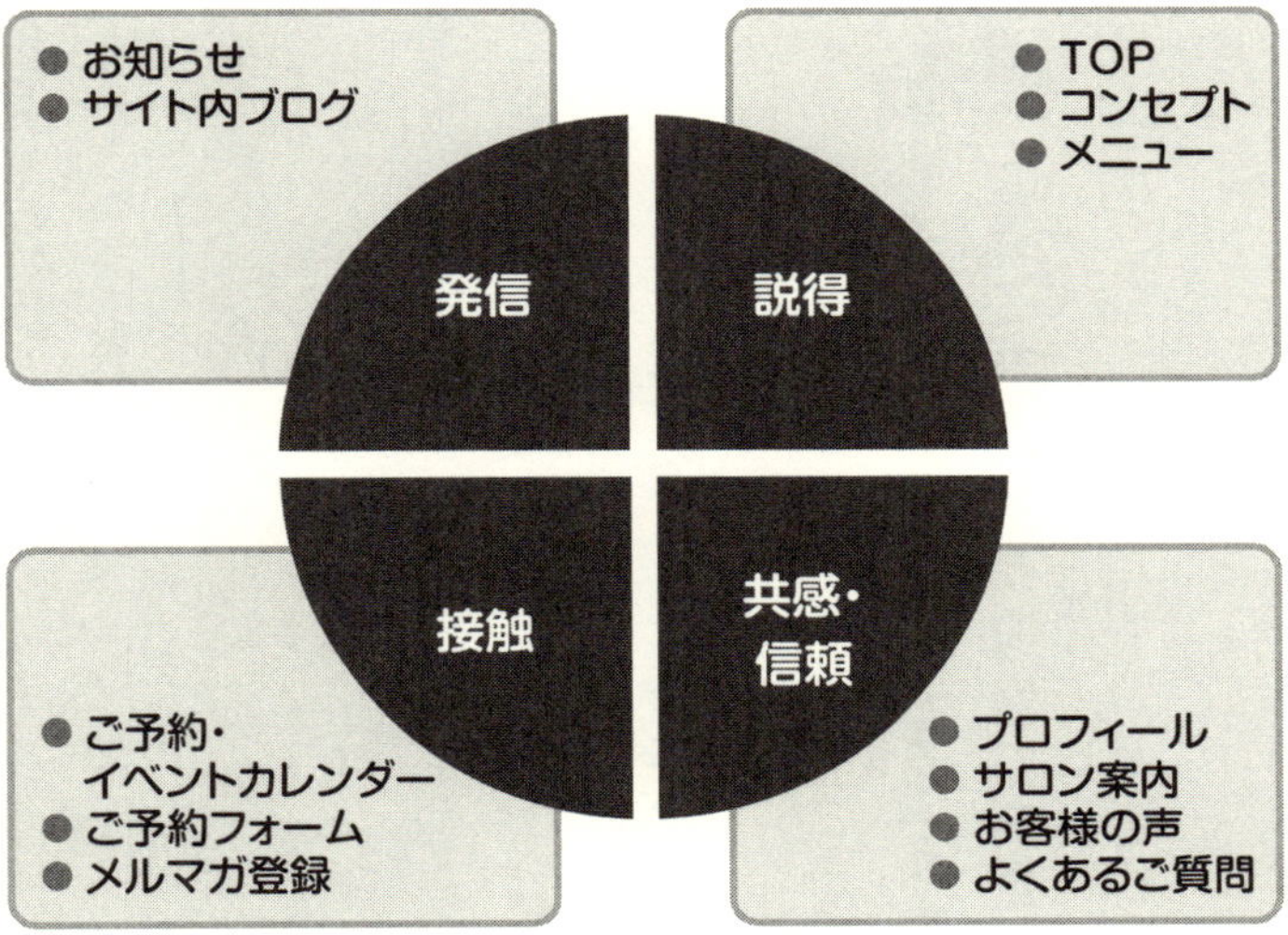

説得するページ

・TOPページ
・サロン・コンセプトページ
・オンリーワンメニューのページ

共感・信頼を得るためのページ

・セラピスト・プロフィール
・サロン案内
・お客様の声
・よくあるご質問

接触しやすくするしかけのページ

・ご予約・イベントカレンダー
・ご予約フォーム
・メルマガ登録フォーム

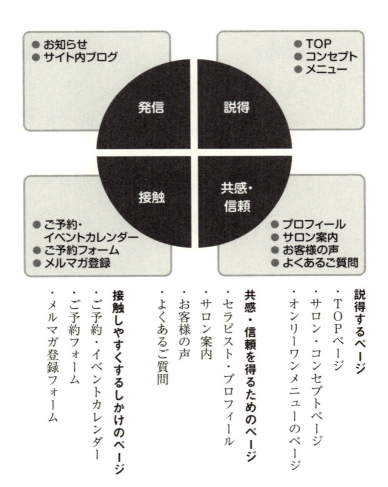

発信のためのページ

・サロンからのお知らせ

・サイト内ブログ

丁寧にサロンのことをお客様に説明しようとすると、最低限これくらいのコンテンツを用意する必要があります。これらのコンテンツでは足りないと感じた場合は、どんどんページを追加するようにしましょう。

小さなサロンではお客様にご安心いただけるよう、じっくりとホームページをつくり込むという姿勢が大切です。

summary

オンリーワンメニューを売るためのサロンの分身ホームページには、「説得」「共感・信頼」「接触」「発信」という４つの仕事がある。

5-3 お布施ブログとSNSでサロンのことを知ってもらう

前回の面談から2週間後、ディスプレイには、アロマナナの分身と言えるくらい充実したホームページが映っている。

「いや〜、よくがんばりましたね！　最初は嫌がっていたのに、ここまでやりきるとは！」

ナナさんがつくったホームページをひととおりチェックして、僕は喜びを抑えきれなかった。

「うれしいです。でも、私ひとりでは絶対にできませんでした。サポートしていただいたおかげです。それに、この自分でつくれるシステムがあったのですごくラクができました。アロマサロンのお手本がバーンとできあがっていて、そのお手本を修正するだけでしたから、私みたいなパソコン・オンチでも何とかできたんです。最初からこれをつくるなんて、とても無理でした」

「たしかに、ホームページなどを作成する技術はすごく進化していますからね。5年前とは大違いです。今では本当に簡単に、自分の分身のようなホームページをつくることができるようになりました。

でも、どんなに技術が進化しても、最後はサロンオーナーさんの想いがきちんと明確になっているかどうかが勝負の分かれ目になります。ナナさんはがんばりましたよ！」

僕たちは最終チェック後、ナナさんのホームページを公開した。

「やったー！　私の分身ホームページができた～」

「喜んでおられるところ恐縮なのですが、次に行なうのはブログでの発信です。前に、ナナさんはブログが苦手だとおっしゃっていましたよね？」

ホームページ公開の余韻も与えないまま、僕は冷静な声でナナさんに問いかけた。

「えっ！　やっとホームページを公開できたのに、次はブログ……ですか。ええ、ブログは苦手です。今度こそは！　と何度も再開するんですけど、現在も休眠中でございます」

なぜか敬語になってナナさんは背筋を伸ばした。

「休眠中でございますか、それはそれは。そんなナナさんに追い打ちをかけるようで恐縮なのですが、オンリーワンメニューを知ってもらうためのブログは、ただのブログではダメなのです。お客様のお役に立つ内容のブログじゃないと。

そんな『お役立ちブログ』を、とりあえず1ヶ月、毎日書きましょう」

「はい？　ブログを1ヶ月毎日？　しかもお役に立つ内容を？　ムリムリ！　絶対無理です」

ナナさんは絶叫して早口で続ける。

「だって、何でもいいテキトーなブログでも、1ヶ月も続けられなかったんですよ。何度も何度も挫折している私が30個なんてムリムリ！」

大げさに顔の前で手を振って、ナナさんは拒否反応を示す。

「いや、むしろ何でもいいからと思って、毎日ブログを書くほうが難しいんですよ。ブログをお客様のフォローのために書く、と考えればどうでしょう？」

「うーん。集客のためよりも、お客様のためと言われれば、がんばれそうな気もします」

「僕は、サロンオーナーの方が、ブログを書くことが続かない原因のひとつは、書く目的がはっきりしていないからだと思っているのです。目的がないと、書くモチベーションが続かない。だから、ブログを書き続けられないんじゃないか、って。

でも、アロマナナにはペルソナさんの陽子さんがいますから、陽子さんのことを想像して、陽子さんの役に立つことを書けばいいんです」

「なるほど！　陽子さんを想像して、陽子さんの役に立つ情報を書くのであれば、私にもできるかも！」

「そう！　困っている陽子さんに、ナナさんの専門知識を無料であげるのです。それを続けると、ペルソナさんへのお役立ち情報がどんどんホームページにたまっていって検索されるようになり、集客に結びつく。まるでお布施を続けていると徳が積まれていいことが起こる……みたいに」

「何か古臭い！　でも、よくわかりました！　私もお布施ブログ、やってみます！」

＊＊＊

ブログは蓄積することに意味がある

10の記事しかないブログと、1000の記事があるブログ。どちらがお客様となる方から検索される可能性が高いでしょうか。

もちろん1000の記事のブログですね。1000の記事がある、ということは、1000の検索可能性がある、ということ。つまり**ブログという情報発信メディアの本質は「蓄積」**にあります。書いた記事がブログ内にどんどん蓄積されることで、お客様となる方から検索され、サロンを知っていただく可能性が高まっていくのです。

しかし、サロンやメニューの売り込み記事をいくらたくさん書いても、集客効果は見込めません。なぜなら、お客様は自分の困りごとを解決するために検索するからです。ですから蓄積すべきは、サロンのペルソナさんの悩みを解決する、お役立ち記事なのです。

お役立ち記事が何百何千と蓄積すると、毎日たくさんのペルソナさんに近い方が、検索経由でアクセスするようになります。そして、そこから分身ホームページが閲覧され、予約に至るという、何もしなくても新規のお客様が自動的に増える、ネット上の自動販売機をつくることも夢ではありません。

まさに、見返りを求めないお布施を行なうと果報が得られるのと似ています。ブログはお世話になっているお客様へのお布施だと思って地道に継続することが、集客成功のポイントです。

オンリーワンメニューにつながる、お役立ちブログネタのつくり方

1ヶ月、毎日お役立ちブログ記事を書くコツは、まず書く内容、つまりブログネタを先に30個以上考えてしまうことです。それには次のような手順で考えると、無理なく集客につながる、お役立ちネタを30以上考えることができます。

オンリーワンメニューから、お客様の悩みを想定する

お役立ちブログとは、「悩み解決ブログ」という意味です。お客様の悩みを解決する記事だからこそ、役に立つのです。ですが、サロンとは無関係なお役立ちブログ記事では、サロンへの来店につながりません。ですから、お客様の悩みを考える出発点を、オンリーワンメニューにするのです

悩みから４つの切り口でネタを出す

お客様の悩みが出てきたら、その悩みについて**「解決法・セルフケア、チェック」「解決のための知識」「解決に役立つモノ・情報の紹介」「悩みに関するエピソード」**の４つの切り口からブログネタを考えます。

この調子で、悩みからブログネタを発想していけば、30個のネタ程度であれば30分もあれば出せてしまいます。

書くときは必ず構成をメモしよう

ネタができたら、あとは書くだけ！　ですが、必ず紙に全体の構成を、手書きで下書きしましょう。お役立ちブログの構成は、「問題提起」「問題の原因の指摘」「原因解決の考え方」

お役立ちブログネタのつくり方

オンリーワンメニューと関連する悩み発見ステップ		
オンリーワンメニュー（モニターキャンペーン）	大人の女性の体調アロマケア	そのメリットが必要なペルソナさんの悩み
子育て疲れイライラスッキリ・カラーボトルセラピー&アロマバンテージ	体幹が整って疲れにくくなり、子育てに余裕ができる	子供をついつい怒鳴ってしまう

	ブログネタ発想			
	解決法・セルフケア、チェック	解決のための知識	解決に役立つモノ・情報の紹介	悩みに関するエピソード
ペルソナさんの悩み 子供をついつい怒鳴ってしまう	子供にイラっときたら30秒でできる簡単ストレッチ	ご存じ? 子育ての余裕がなくなる大きな原因は「体幹の疲れ」	子育てに余裕がもてる! ママにおすすめの5冊の育児本	子供を叩いてしまった後悔を引きずるママさんの話

「解決方法の紹介」「まとめ」を意識するといいでしょう。

お役立ちブログは、うまくいけば既存のお客様に喜ばれ、新規のお客様を連れてくる、いい情報発信になります。

最初は難しいかもしれませんが、普段お世話になっているお客様への感謝の気持ちで続けるとコツがつかめてきます。

書いたお役立ちブログはSNSで「シェア」して拡散する

お役立ちブログを更新したら、ペルソナさんが多く利用しているSNSでシェア（リンクを貼った投稿を行なうこと）して、サロンとして情報発信します。

ブログの特性が「蓄積」なら、SNSの特

性は「拡散」。ＳＮＳでシェアした投稿に対する友だちのリアクションが、投稿を「友だちの友だち」にまで拡散する、というしくみを活用するのです。うまく拡散すれば、自分が友だちになっている数以上の方にサロンを知ってもらえるチャンスになります。

summary

ブログは見返り求めないお布施と同じ。コツコツと蓄積することがポイント。
オンリーワンメニューから悩みを逆算し、その悩みを解決するお役立ちブログ記事をお布施として蓄積していけば、現在のお客様に喜ばれ、新規のお客様を連れてきてくれる、ネット上の自動販売機のようになる。

5-4 非競争マーケティングを実践して見えるもの

「『子育て疲れスッキリ・カラーボトルセラピー&アロマバンテージ』の集客、大成功です！　もうすぐ目標の40人が達成できそうです！　本当にありがとうございます！」

いつものようにナナさんは、オフィスに来るなり話し出す。

非競争マーケティングの集客方法をナナさんに伝えてから約2ヶ月。途中見たところ、ブログはきちんと更新しているし、ＳＮＳもがんばっている。

先日は、地域の子育て支援ＮＰＯとのコラボイベントも開催し、ナナさんならではの、面白イベントレポートもブログに公開されていたから、きっと集客につながっているはずだと感じていた。

だから、ナナさんから直接、成果を聞くのが楽しみだったのだが、２ヶ月足らずで40人とは予想以上の反響だ。

「おめでとうございます！　すべてナナさんの行動の結果ですよ」

「いえいえ、私は教えていただいたとおりにやっただけです。これでホッとひと安心、というところです」

ナナさんは顔をくしゃくしゃにして笑顔をつくった。集客できない時間が長かった分、喜びも大きいのだろう。

「本当におめでとうございます！　でも、今はゼロ回目の集客が終わったところです。新生アロマナナへの道はこれからですよ」

「もちろん、わかってます！　オンリーワンメニューを完成品にしなくちゃね。現時点ですでに最初の内容からはちょっと変化させているんですよ！」

「実際に集客して提供してみると、当初の想定とは違うものでしたか？」

「もちろん、お客様からの反響も大いに参考にしているのですが、私の気持ちというか、想いというか……。実際に行動することで、本当にやりたかったことが見えてきた感じです。それをもとに改善しています」

オンリーワンメニューをつくった多くのセラピストの方が、ナナさんと同じような感想をもつようだ。オンリーワンメニューを実際に売ってみることで、自分自身の想いが明確になり、サロンがよりオンリーワンになることが多い。

「それで、これからはどうしていったらいいのですか？」

「アロマナナには、オンリーワンメニューがあと2つあるでしょう。同じようにメニューひとつずつ、ブログを集中的に書いていってください。そうすれば、すべてのオンリーワンメニューが完成します。3つのオンリーワンメニューが完成したころには、アロマナナのオンリーワンな集客方法も完成しているはずです」

「なるほど！　この2ヶ月の間にやったことを繰り返せばいいんですね！　やることがハッキリするだけでこんなに毎日が幸せだなんて、私、思ってもみませんでした」

ナナさんは本当にうれしそうに笑う。

ナナさんは最初、集客の方法を聞きに僕のもとにやってきた。でも僕が伝えたかったのは、ナナさんが**すでにもっているステキを、自分の力でお客様の価値に変える方法**だ。

今、やっとナナさんのオンリーワンメニューがひとつ完成した。そしてアロマナナなりの集客法が見えてきた。

僕はナナさん笑顔を見て確信する。

もうアロマナナは大丈夫だ。もちろんうまくいかないこともあるだろうが、きっとオンリーワンな工夫で乗り切っていけるだろう。

＊＊＊

試作品状態のオンリーワンメニューを完成させるために、実際に集客を行なってみることで、メニューの完成以外にも見えることがあります。

ひとつは、**「本当の使命」**。オンリーワンメニューをお客様に売ってみることで、本当に自分がやりたかったこと、得意なことなどが見えてくることが多いのです。

そしてもうひとつが、**「自分なりの集客方法」**。ライバルサロンと競争しないオンリーワンのメニューを売るのですから、その売り方＝集客方法も必然的にオンリーワンになるはずなのです。

非競争マーケティングの集客を型どおりに実践することで、得意なことや苦手なことが体験でき、自分と自分のペルソナさんに合った集客方法のコツが見えてきます。

あなたがもっている「違い」を世界（お客様）にアピールしながら、オンリーワンのメニューとオンリーワンの集客方法を創り上げていってください。

エピローグ　今のあなたでOK

「ただいまより、『ママ体幹アロマセラピスト・スクール』の開校記念パーティーを始めます。最初に代表のナナよりご挨拶があります」

僕のサポートでオンリーワンメニューをつくってから3年、ナナさんは紆余曲折をへて「ママ体幹アロマ」というオリジナルの手技の開発に成功した。そして、「ママが自然の力で自分に戻って、健康でキレイになる」という使命を全国に広げるために、ママにこの技術を教えて、ママセラピストを増やすことにしたのだ。

そのために「ママ体幹アロマセラピスト」を育成するカリキュラムをつくり、認定制度をつくってセラピスト育成スクールを開校することになった。

今日はそのスクールの開校パーティーだ。

僕はアロマナナと「ママ体幹アロマセラピスト・スクール」のアドバイザーとして、パーティーに招待されたのだ。地方の主要駅にある、小さいが格式のあるホテルの宴会場には、アロマやサロンに関係する人たちが50人以上集まっている。それだけナナさんの「ママ体幹アロマ」が注目されているということだろう。

ナナさんは緊張ぎみに、会場の前方中央に設けられた舞台に立った。

「このたびは、『ママ体幹アロマセラピスト・スクール』の開校記念パーティーにお越しいただき、ありがとうございます。こんなにたくさんのみなさまにお集まりいただき、スクールの開校を祝っていただけるのは本当に感激です……」

会場に大きな拍手が響いた。ナナさんはその拍手の大きさに戸惑ったような表情を浮かべている。


「ありがとうございます。ありがとうございます。本当にうれしいです。スクールを開校できるなんて3年前は考えもしませんでした。だって私は、3年前はどん底だったのですから！サロンにはぜんぜんお客様がこないし、自分の手技にも自信がなくなって、家族ともうまくいかなくなって……本当にもうサロンを閉じよう、と思っていたのです」

感情が高ぶったのか、ナナさんは意外な方向に話を進め出した。会場が少しザワついている。出席者からは笑顔が消え、ナナさんの話に聞き入っている。

「でも、どうしてもあきらめきれなくて、ひとりのコンサルタントさんに助けてくださるようお願いしました。そのとき、そのコンサルタントさんが言ってくれたんです。ナナさんは特別な人だって。今の自分をそのまま受け入れて、それをお客様に受け入れられるように考えましょう、って。

それまでは私、自分には何かが足りないって思っていたのです。ですからいろいろなところに探しに行きました。足りないところを補う何かがあるんじゃないかと。

でも、今の自分でいいってその人が言ってくれて、そこからすべてが動き出しました」

ナナさんはいったん言葉を切った。会場は静まり返っている。


「そして、やっと形にできたのが、『ママ体幹アロマ』の技術です。この技術をたくさんのママに覚えていただいて、全国のママの健康とキレイを増やしてほしい。そんな想いでいっぱいです!」

ナナさんは弾けるような笑顔になって、一段と大きな声で言った。

会場は割れんばかりの拍手に包まれた。

「おめでとう!」「がんばって!」という声が、会場のそこかしこから次々に上がる。

ナナさんもうれしそうにその声に手を振って応えている。

会場の盛り上がりが少し落ち着いたのを見て、ナナさんは言葉を続ける。

「今、ハッキリと言えることは、3年前にどん底だった私も、今日みなさんに祝福していただいている私も、同じ私です。私は私のままでよかった。私でOKだったんです」

ナナさんは感極まって顔を伏せて言葉を切った。何度かマイクに口を近づけて言葉を続けようとするが、嗚咽がもれるばかりで言葉にならない。

やっとのことでナナさんは絞り出すように言った。

「だから……だから、もしみなさんが今つらくても、苦しくても……今のままでOKなのです。今の自分から始めれば、絶対にうまくいきます!」

最後はほぼ絶叫だった。会場は静まり返っている。

「あー私、何言ってんだか! とにかく私、今、幸せです! ありがとうございます!」

おどけるような口調で言ったあと、ナナさんは深々と礼をして挨拶を終えた。

会場の拍手は鳴り止まない。

今のありのままの自分を認め、それをお客様に選ばれる価値として実体化させたオンリーワンメニューをつくることによって、ナナさんの想いも、どんどん実体化していった。

きっとこれから、ナナさんのスクールはたくさんのママに技術を伝え、幸せなサロンを増やし、健康でキレイなママを増やしていくだろう。

おわりに

本書は、小さなサロンがオンリーワンのメニューをつくることで、「毎日好きなことをして」「大好きなお客様に囲まれて」「ちゃんと儲かる」という、幸せなサロンになるためのノウハウをまとめたものです。

ご紹介したノウハウは、決して筆者ひとりで編み出したものではなく、筆者がコンサルティングした小さなサロンオーナーの方たちとのやりとりから得た、気づきによるところが非常に大きくあります。これまで筆者に関わってくださった全国のサロンオーナーの方たちにお礼申し上げます。あなたのサロンが幸せな成功に近づきますように。

また、遅筆な筆者を叱咤激励してくださった同文舘出版の古市編集長、執筆中の仕事をバックアップしてくれた有限会社リウムのスタッフたちにも感謝の気持ちでいっぱいです。本当にありがとうございます。

こうしたたくさんの方々の力で、小さなサロンがオンリーワンのメニューを企画し、実体化し、説明し、販売する方法を解説した、実践的なノウハウを一冊にまとめることができました。願わくは、この本を読んで、実際にあなた自身のオンリーワンメニューをつくり、販売するという実践を行なってほしい。行動こそが結果を生み、行動こそが応用の素になります。この本があなたのサロンの幸せな成功に寄与できますように。

実は、オンリーワンメニューづくりの実践を通じて、サロンオーナーの方にお伝えしたいことが3つあります。

ひとつめは「愛」

オンリーワンメニューの出発点は、あなたが何をやりたいのかという、「サロンの使命」です。つまり、あなたはあなた自身を愛するところから始めてほしい、ということです。そして、本当に幸せにしたいお客様であるペルソナさんを決め、そのお客様を愛してほしい。

この2つの愛から生まれた、オンリーワンメニューを提供するあなたのサロンは、愛にあふれたサロンになるはずです。ということは、あなたの人生が愛にあふれたものになるでしょう。

2つめは「調和」

愛する自分と、愛するお客様。この両者を満足させるのがオンリーワンメニューです。

自分がやりたいことをお客様に押しつけない。かといって、お客様のご要望に100%したがう奴隷にはならない。自分とお客様が調和し一体となること、これがオンリーワンメニューづくりの極意です。最初はうまく調和したメニューができないかもしれません。しかし、あきらめないで自分を大切にしながら、お客様の問題を解決し、願望を実現できるメニューづくりを続けてください。調和がうまくいったとき、ありのままのあなたが求められる、というストレスのないビジネスが成立するでしょう。

3つ目が「非競争」

自分が本当にやりたいことで、幸せにしたいお客様を満足させるメニューを、丁寧に説明することで販売することは、すなわち他のサロンとは別の道を行くということです。それは価格競争や宣伝競争から遠ざかり、業界内での非競争のポジションを確立することにつながっていくでしょう。誰とも競争しない、でも必要な方にはお越しいただき、ちゃんと儲かる。そんなサロンをつくってください。

ぜひ、オンリーワンメニューづくりを実践して、自分とお客様を愛し、調和させ、誰とも戦わない非競争を手に入れてください。そうすれば、この世界は、愛と調和に満ちたサロンが競争せずにたくさん存在する、ステキな世界に変わっていくはずです。

あなたのステキが世界に伝わり、世界がステキになりますように。

穂口　大悟

著者略歴

穂口　大悟（ほぐち　だいご）

マーケティングコンサルタント。有限会社リウム 代表取締役。近畿大学非常勤講師。

1974年大阪生まれ。コンサルティング会社・ITベンチャー企業を経て、2004年有限会社リウムを設立。以来、セラピスト・ヒーラー・占い師・整骨院・コンサルタント・士業などの、「サービス」を販売するスモールビジネスのマーケティングコンサルティングを1500以上行なう。これらのコンサルティング経験をシステム化したマーケティングシステム「リウムスマイル!」を開発・提供中。また提唱するスモールビジネスの「非競争マーケティング」を基盤とした、スモールビジネス支援者の指導育成にも力を入れている。

プライベートでは、3児の父として地域活動に参加。だんじり好き。好物は天津飯（関西風）。

著書として『小さなサロンのための「売り込まないネット集客の極意」』（BABジャパン）がある。

■小さなサロンのためのマーケティングシステム「リウムスマイル!」

・分身のようなホームページ　・ブログ　・予約管理
・顧客カルテ　・メールフォロー
など、小さなサロンやフリーランスが、お客さまをファンにするための機能がオールインワン。

自分でつくるから、自分でずっと続けられるシステム。

https://riumsmile.jp

繁盛サロンにするための
あなただけのオンリーワンメニューのつくり方

平成 30 年 10 月 25 日　初版発行

著　者 —— 穂口　大悟

発行者 —— 中島　治久

発行所 —— 同文舘出版株式会社

東京都千代田区神田神保町 1-41　〒 101-0051
電話　営業 03（3294）1801　編集 03（3294）1802
振替 00100-8-42935　http://www.dobunkan.co.jp

ISBN978-4-495-54013-5

印刷／製本：萩原印刷　Printed in Japan 2018